myboshi

W0362445

myboshi 1.0
ton bonnet, ton style

Thomas Jaenisch – Felix Rohland

myboshi

myboshi

myboshi 1.0
ton bonnet, ton style

Thomas Jaenisch – Felix Rohland

Table des matières

myboshi
comment en arriver là ?

Le nom de « Boshi » est un pur hasard dû à un manque de connaissances en japonais et de nos efforts désespérés à nous faire comprendre en anglais dans un petit village idyllique perdu dans les montagnes du Japon.

Nos premiers boshis crochetés rencontrèrent un succès aussi fou qu'inattendu dans ce pays si accueillant. Et l'enthousiasme resta entier à toutes les étapes de notre voyage de retour vers l'Allemagne. Une fois revenus chez nous, la folie douce continua et nous avons crocheté d'innombrables autres bonnets. Jusqu'à ce que nous nous décidions à créer une start-up du nom de « myboshi ».

« myboshi » est un label garant d'individualité et d'équité. Ces bonnets cools sont désormais devenus l'it accessoire indispensable. Selon ton style et les couleurs que tu aimes, sur www.myboshi.fr, tu peux te configurer ton bonnet comme tu veux.

On nous a souvent demandé si nous gardions secret la façon de crocheter de tels bonnets, comme ceux qui gardent leurs recettes de cuisine à l'abri des curieux, ou bien si nous pouvions imaginer d'en faire un livre.

Ce livre va te permettre de choisir un modèle de boshi et de le crocheter toi-même, tout simplement.

Mais attention à la fièvre boshi, car on en fait facilement 1 ou 2 par soirée et on ne peut plus s'arrêter après.

myboshi

myboshi
il était une fois, au Japon...

Tout a commencé d'une manière bien anodine... Nous participions à un échange entre profs de ski au Japon. Pour les étudiants que nous étions, une sympathique occasion d'associer notre hobby à la découverte d'un nouveau pays. Mais que faire le soir, sans la vie branchée des stations de ski ?

Nous avons appris le crochet et créé nos premiers bonnets !

Cependant, et comme si le bonheur de créer ne devait pas suffire, c'est au Japon même et à des fans enthousiasmés par notre nouvelle passion que nous avons vendu nos premiers boshis.

L'idée de commercialiser les boshis était née. À la fin, nous avons même trouvé sans difficulté une appellation originale pour nos bonnets, car nous entendions sans cesse nos amis japonais prononcer le mot « boshi » pour les désigner. C'était logique ! Si le terme japonais pour bonnet était boshi, alors notre startup allait prendre pour nom « myboshi ».

De retour à la maison, nous avons rencontré une vague d'enthousiasme. Notre hobby est devenu un job à temps partiel. Mais il fallait bien aussi vivre notre vie normale… Entre septembre 2009 et février 2010, Thomas devait écrire son mémoire de fin d'études. Ce qui voulait dire qu'il allait, à plein temps, accompagner et évaluer l'optimisation produit d'un fabricant de moteurs électriques. Félix, en tant que futur enseignant, devait, dès septembre 2010, effectuer sa dernière année de stage pratique.

Nous avons crocheté jour et nuit, accordé des interviews et participé à des émissions télévisées. C'était fou ! Plus d'une fois, nous avons pensé débrancher notre site internet !

Nous avons engagé nos premières mamies-crochet et connu une vague de soutien et de sympathie, qui jusqu'à aujourd'hui encore, nous dépasse.

myboshi, c'est plus qu'un bonnet, c'est une façon d'aborder l'existence et nous sommes fiers de chacune de nos réussites.

Bases du crochet

Crocheter un boshi soi-même, c'est si facile

Faire du crochet, c'est facile à apprendre et ça fait passer le temps. Et ce qui est bien, c'est qu'il n'y a pas besoin d'avoir de connaissances préalables spéciales pour pouvoir faire un boshi.
Des types de mailles simples comme la maille en l'air ou la demi-bride suffisent pour la plupart des bonnets. Pour apprendre comment faire, lire les pages suivantes.

Échantillons / Une maille, ça ressemble à quoi ?

Voici la description des différentes parties d'une maille.

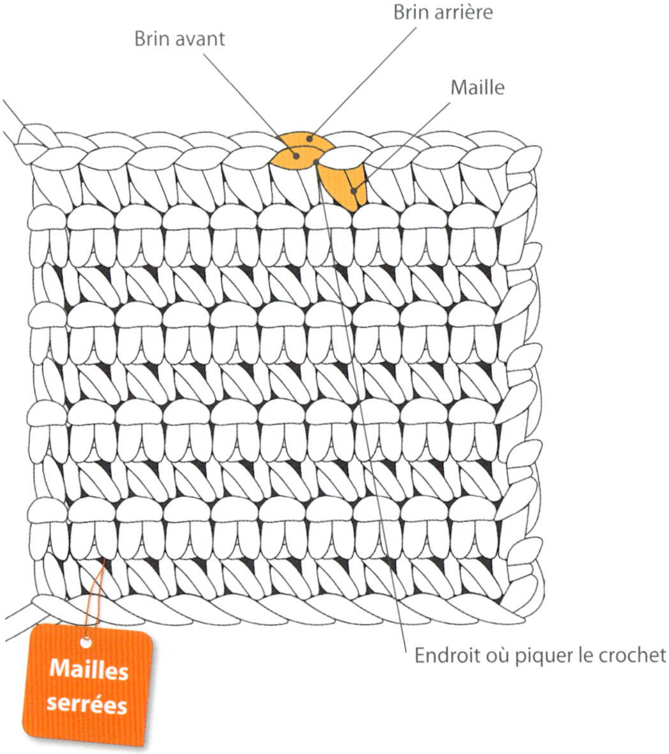

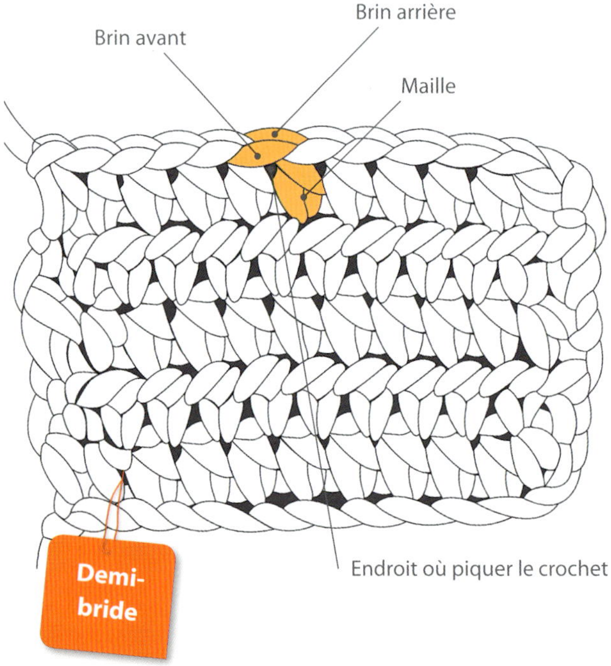

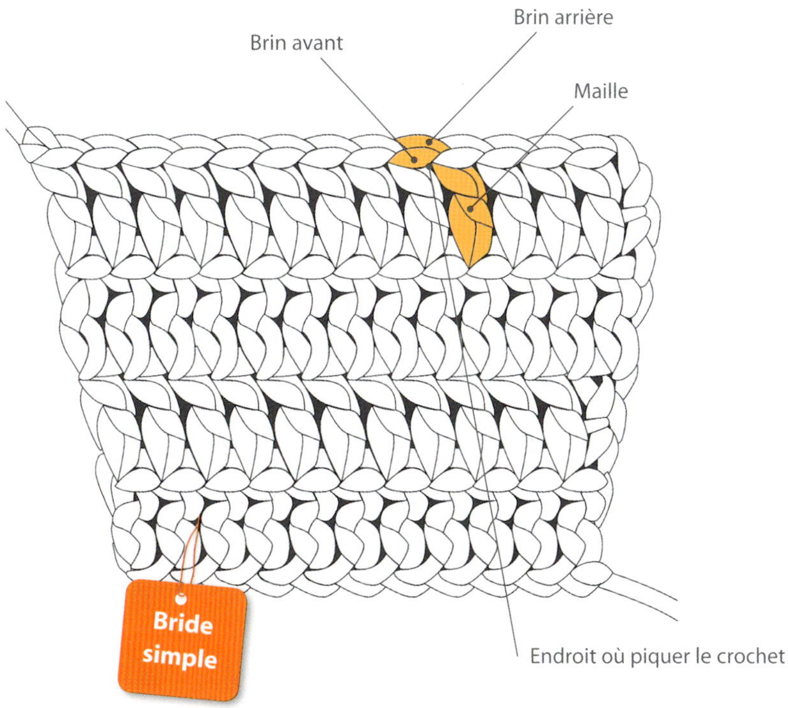
Brin arrière
Brin avant
Maille
Bride simple
Endroit où piquer le crochet

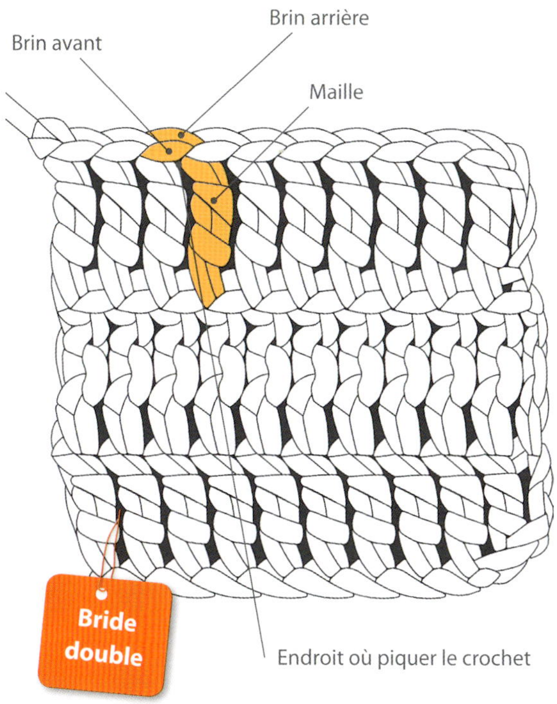
Brin arrière
Brin avant
Maille
Bride double
Endroit où piquer le crochet

Le commencement : noeud coulant et chaînette (suite de mailles en l'air)

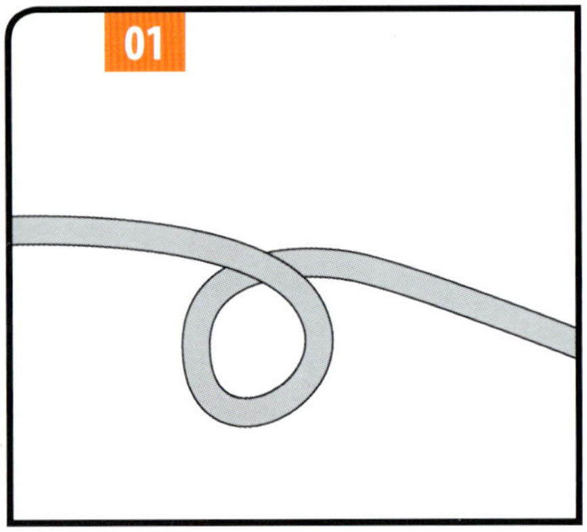

01 Le bout du fil est dans la main gauche et le fil côté pelote dans la main droite. Former un cercle ; le fil de gauche étant au-dessus du fil de droite.

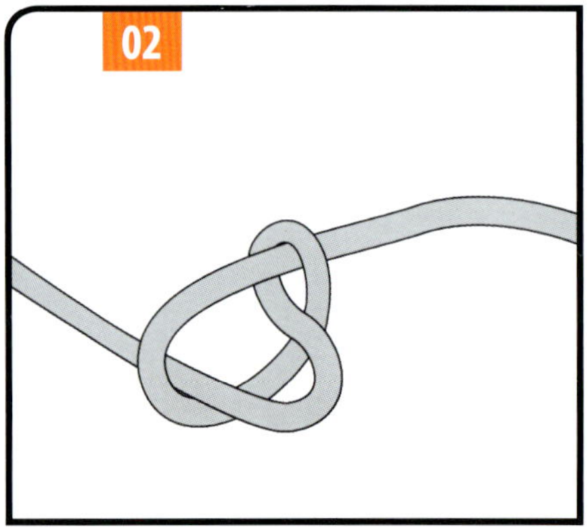

02 Maintenant, passer le fil de gauche dans le cercle comme indiqué sur le schéma.

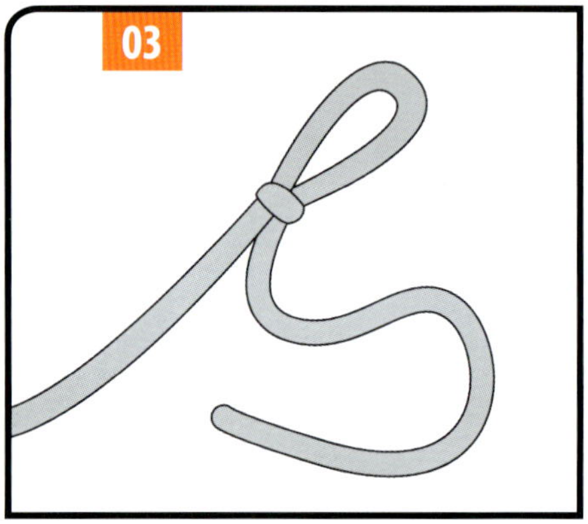

03 Tirer sur l'extrémité de ce fil pour former une boucle.

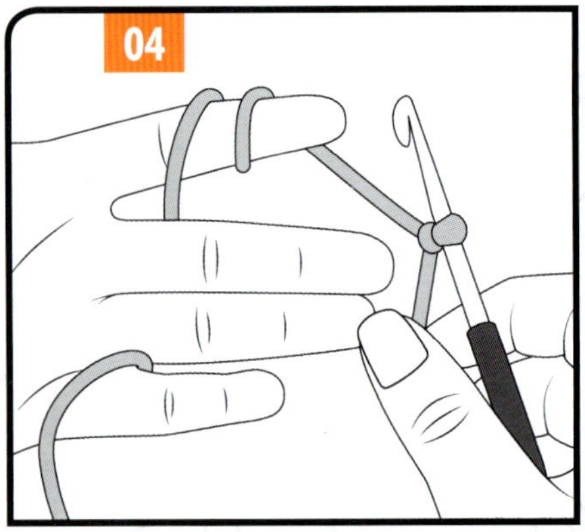

04 Enrouler le fil autour des doigts de la main gauche. Ceci régule la tension du fil pendant le travail. Si les doigts sont maintenus serrés, le fil coulisse difficilement. Si la tenue est plus lâche, il glisse plus facilement.

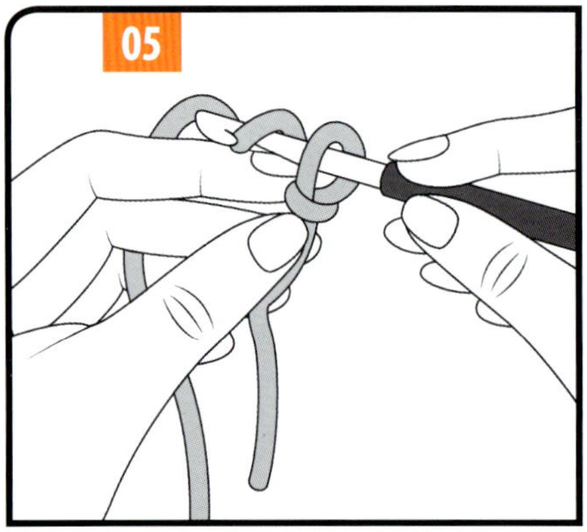

05 Maintenir la première boucle entre le pouce et le majeur et tirer le fil à travers la boucle.

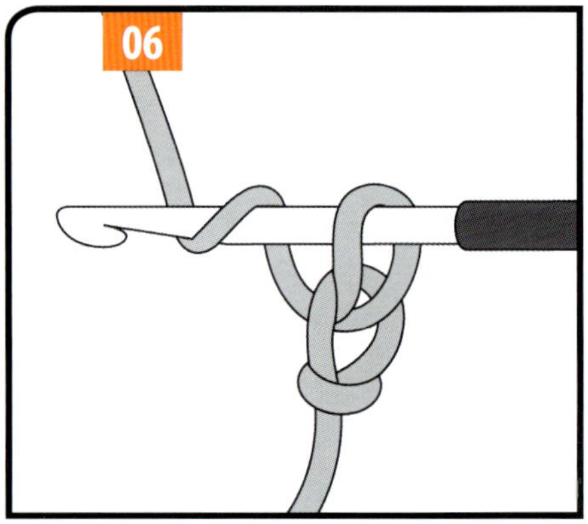

06 Recommencer jusqu'à ce que le nombre de mailles en l'air souhaité soit atteint. Avancer régulièrement le pouce et le majeur qui tiennent les mailles, de façon à maintenir une tension suffisante sur la chaînette qui s'allonge.

La maille coulée

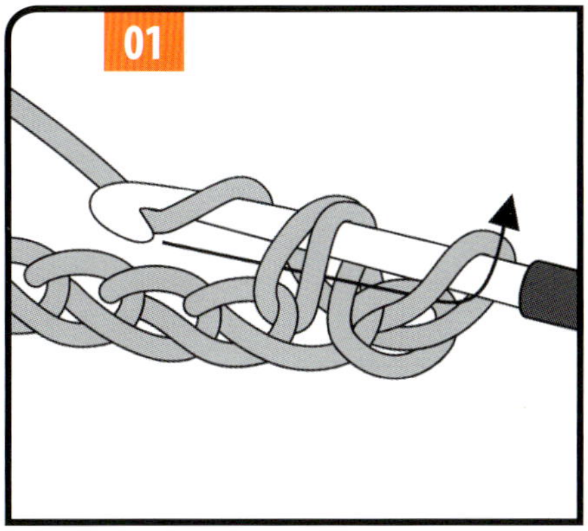

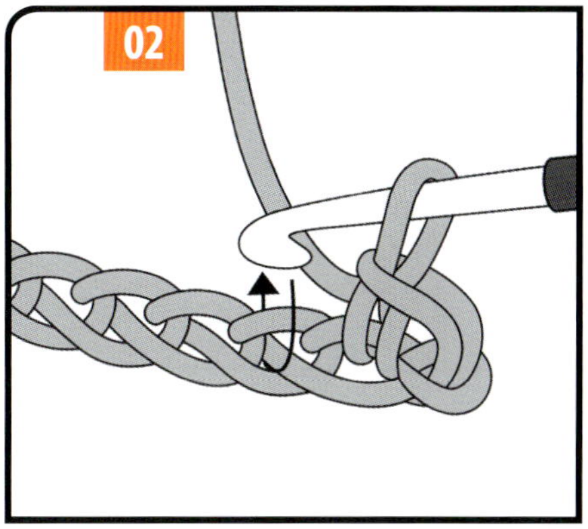

01 Piquer le crochet dans la maille, prendre le fil et tirer à travers les 2 boucles qui sont sur le crochet.

02 Recommencer du début pour continuer. Les mailles coulées sont souvent confectionnées à la fin d'un ouvrage en crochet et en constituent la bordure.

La maille serrée

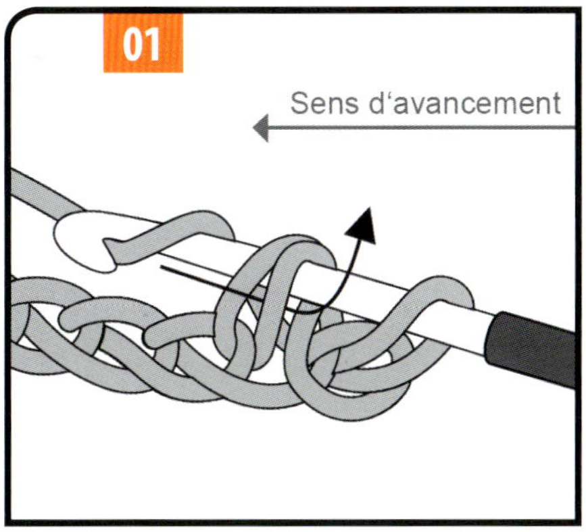

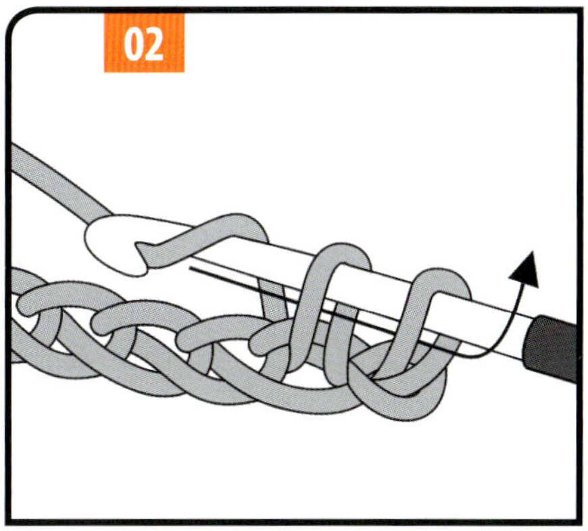

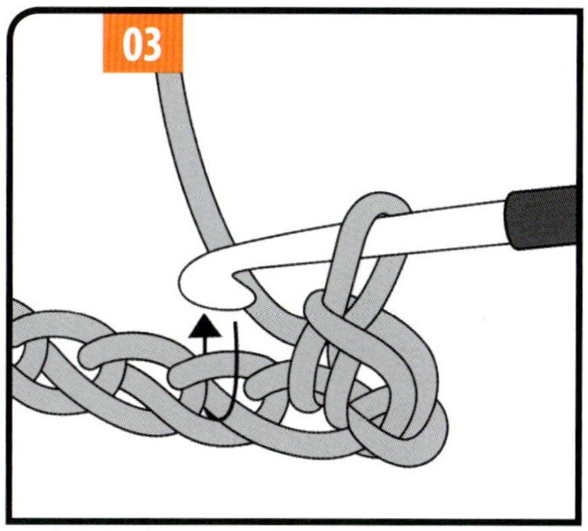

01 Piquer le crochet à travers la maille suivante et ramener le fil à travers celle-ci. Il est important que 2 boucles de la maille reposent sur le crochet et qu'il y ait une boucle sous le crochet.

02 Il y a maintenant 2 boucles sur le crochet. Prendre le fil de nouveau avec le crochet (ceci s'appelle un jeté) et le tirer à travers ces deux boucles. La première maille serrée est finie !

03 Piquer le crochet à travers la maille suivante et tirer le fil à travers la boucle. Il y a de nouveau 2 boucles sur le crochet. Reprendre le fil avec le crochet et de nouveau le tirer à travers les deux boucles.

La demi-bride

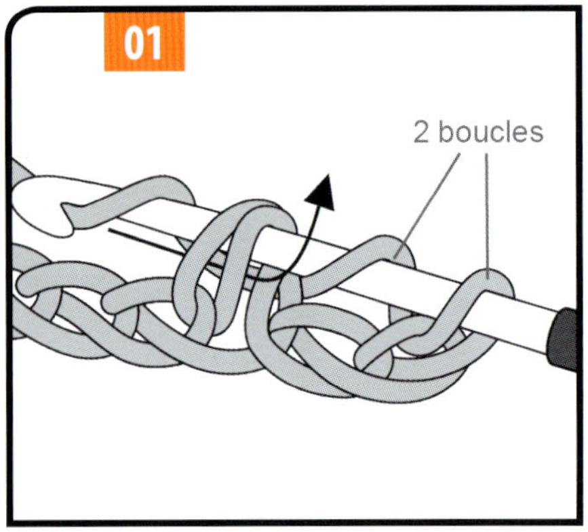

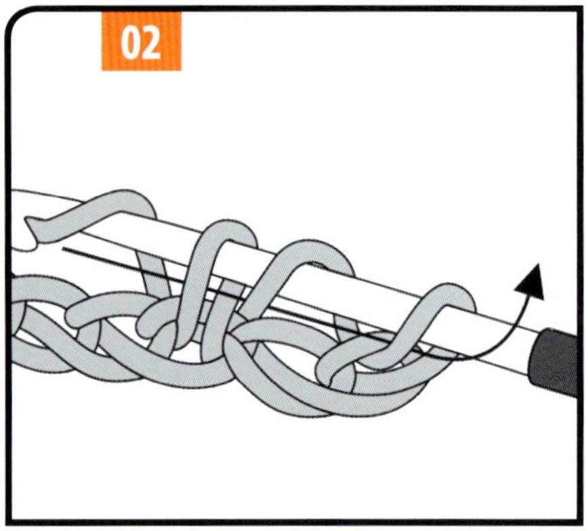

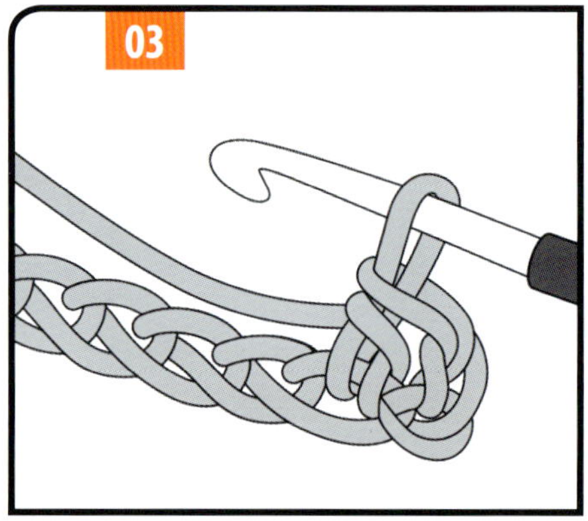

01 Avant de piquer le crochet dans la maille suivante, le fil est passé une fois sur le crochet. Il y a ainsi, avant d'avoir piqué le crochet, 2 boucles sur celui-ci. Maintenant, piquer le crochet dans la maille, reprendre le fil et le tirer à travers les mailles.

02 Il y a ainsi 3 boucles sur le crochet. Reprendre le fil et le tirer à travers les mailles qui sont encore sur le crochet.

03 La première demi-bride est ainsi terminée ! Recommencer du début pour continuer.

La bride simple

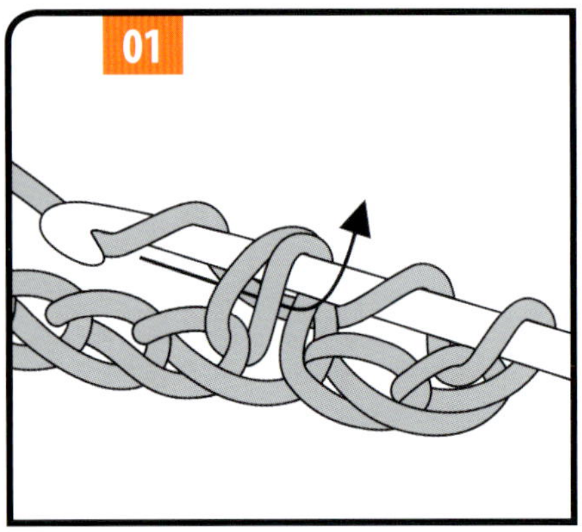

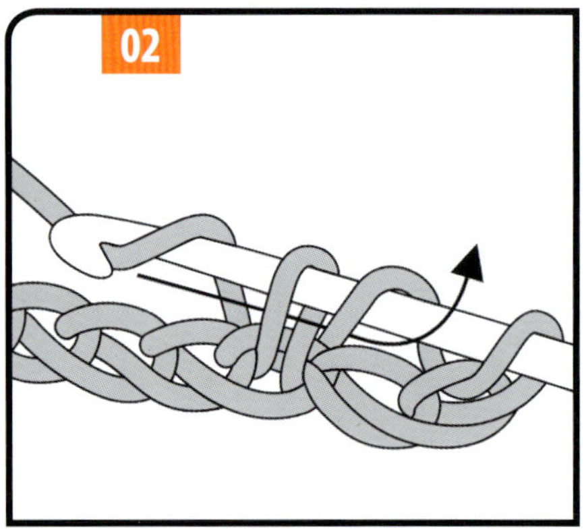

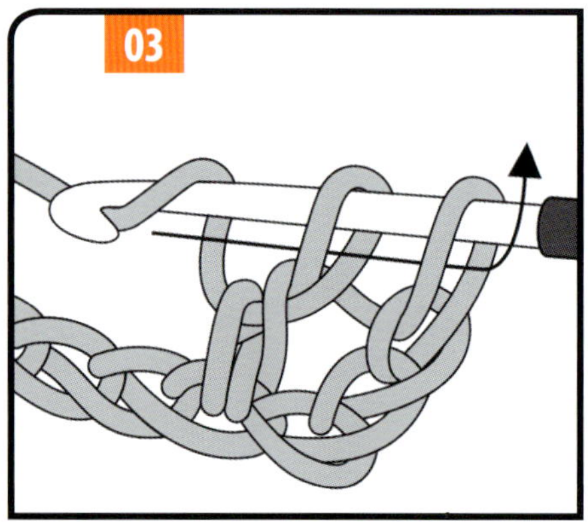

01 Avant de piquer dans la maille en l'air, passer le fil une fois autour du crochet (faire un jeté). Piquer le crochet dans la maille suivante et tirer le fil à travers celle-ci. Il y a maintenant 3 boucles sur le crochet.

02 Reprendre le fil avec le crochet et le tirer à travers les deux premières mailles qui reposent encore sur le crochet. Il y a maintenant 2 boucles sur le crochet.

03 Reprendre le fil avec le crochet et le tirer à travers les deux boucles qui sont encore sur le crochet. La première bride est terminée ! Recommencer du début pour continuer.

Double bride

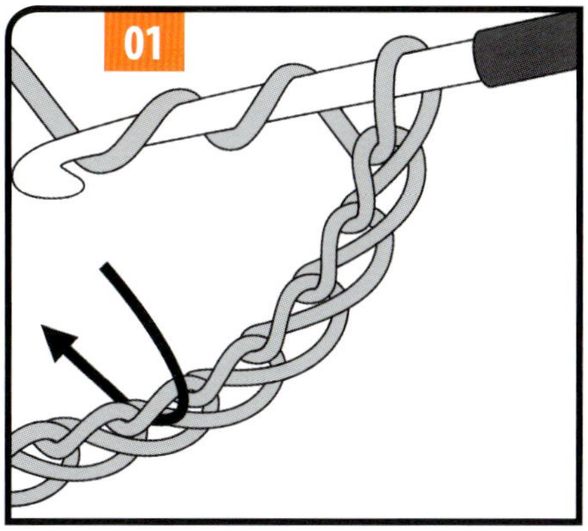

01 Avant de piquer dans la maille en l'air, passer le fil deux fois autour du crochet (faire 2 jetés). Piquer dans la 5ème maille et tirer le fil à travers celle-ci. Il y a ainsi 4 mailles sur le crochet.

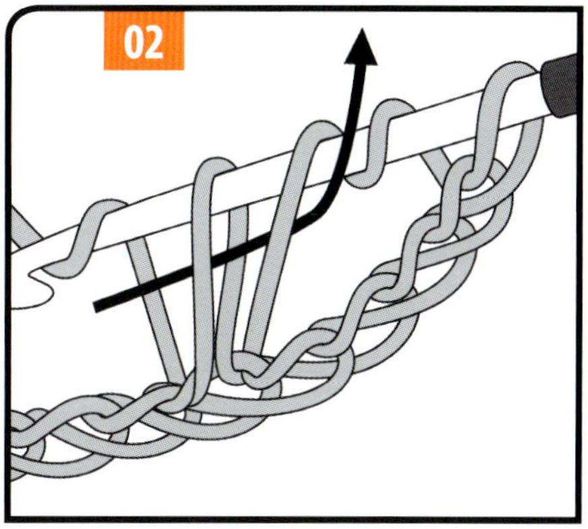

02 Reprendre le fil avec le crochet et le tirer à travers les deux premières mailles qui reposent sur le crochet.
Il y a ainsi 3 mailles sur le crochet.

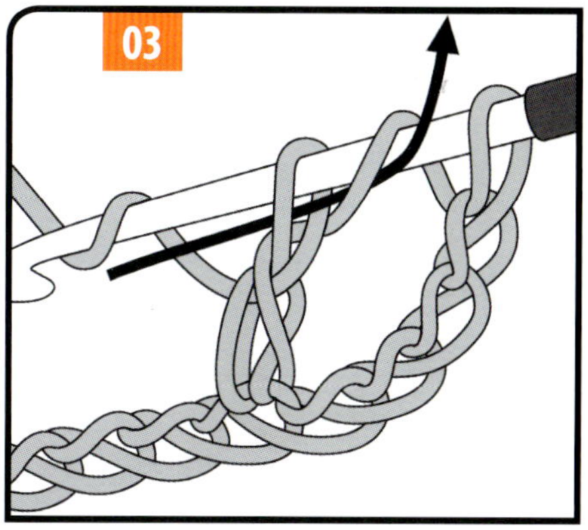

03 Reprendre le fil et le tirer à travers les deux premières mailles reposant sur le crochet. Il reste ainsi encore 2 mailles sur le crochet.

Reprendre le fil encore une fois et terminer en le tirant à travers les 2 dernières mailles.

Bride relief

La bride relief est une bride simple piquée profond (voir bride simple).

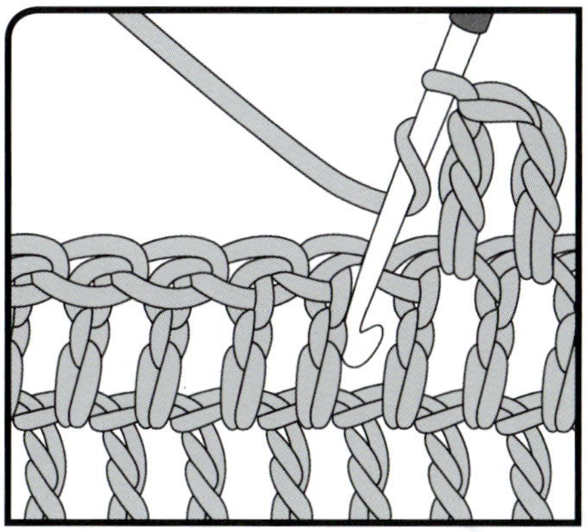

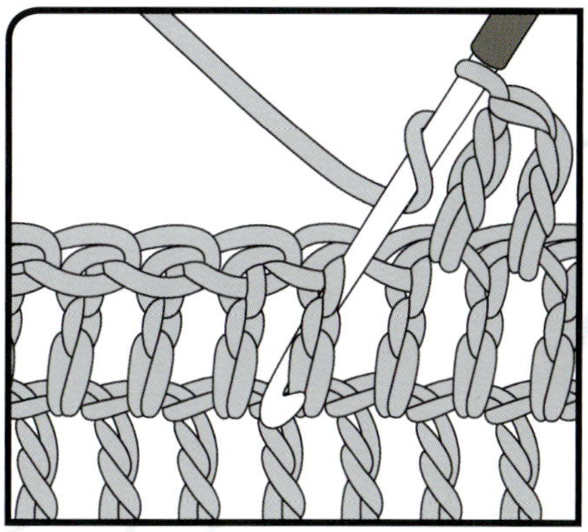

Elle se crochète comme une bride, mais au lieu de piquer dans les 2 brins, il faut glisser le crochet à l'arrière de la maille du rang précédent et le faire ressortir sur le côté gauche de celle-ci.

Le commencement d'un boshi

Au début, faire un noeud coulant et 4 mailles en l'air qui sont fermées en rond avec une maille coulée et une maille en l'air.

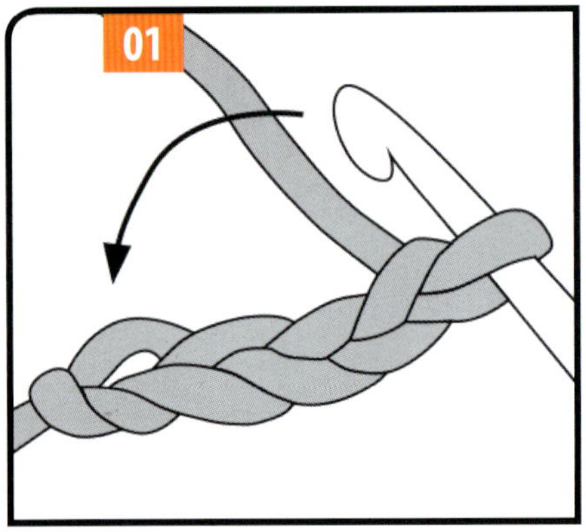

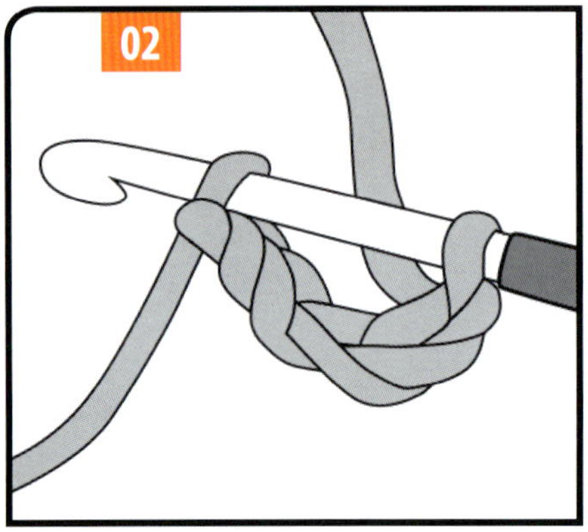

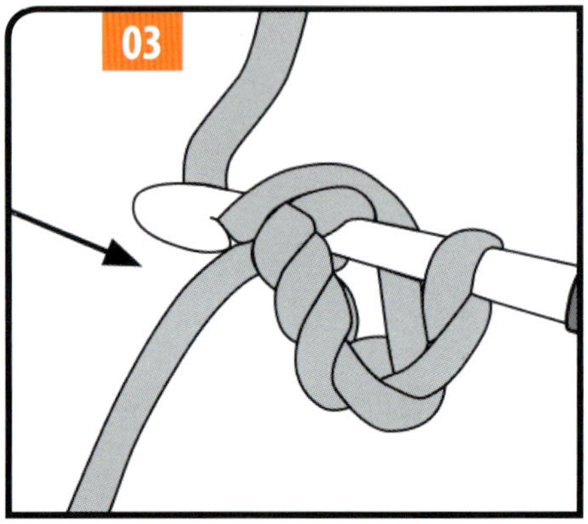

01 Chaînette de 4 mailles en l'air.

02 Piquer le crochet dans la 1ère maille en l'air de la chaînette.

03 Prendre le fil de la pelote avec le crochet et le tirer à travers la 1ère et la dernière maille en l'air.

04 Voici ce que l´on voit quand le fil de la pelote est tiré à travers les 2 mailles en l´air. Ce qui repose maintenant sur le crochet est la maille coulée.

05 À présent, faire une maille en l'air en passant le fil de la pelote autour du crochet (= faire un jeté) et en le tirant à travers la maille coulée.

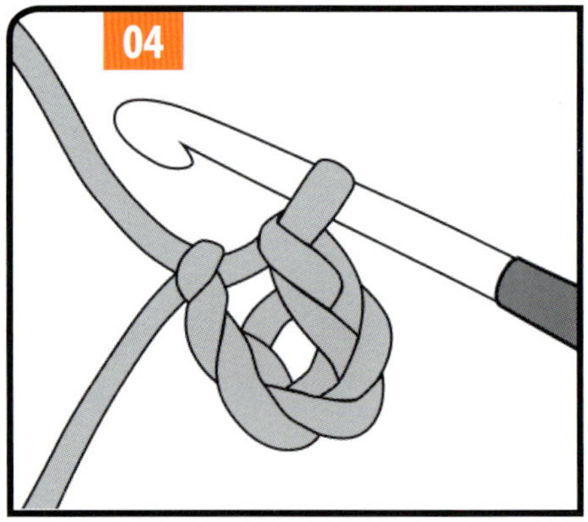

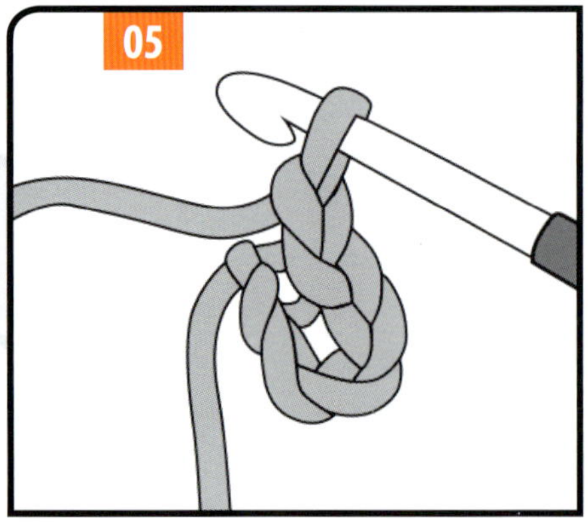

Le premier rang

Exemple de demi-brides dans le cercle du début

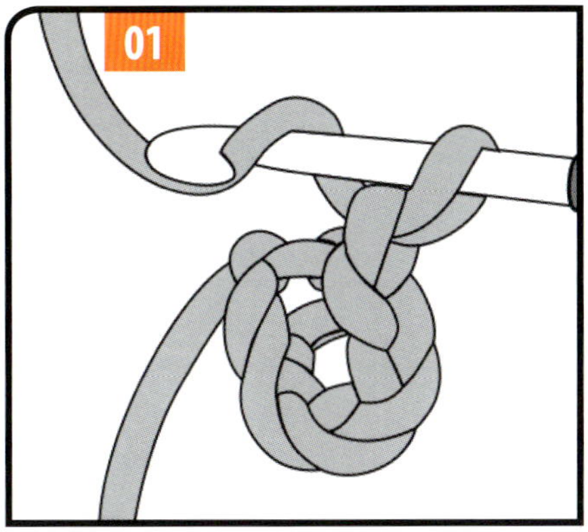

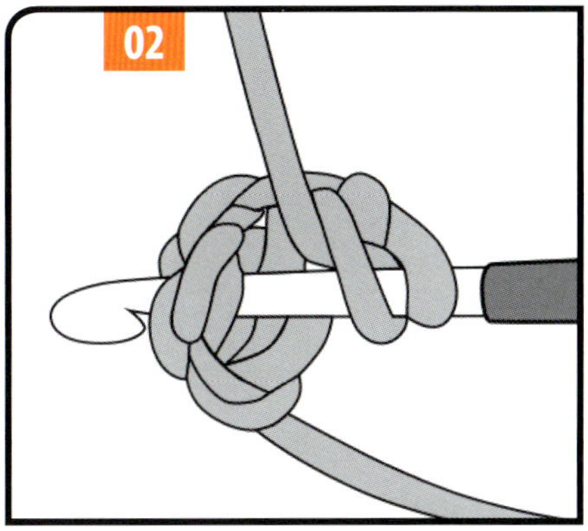

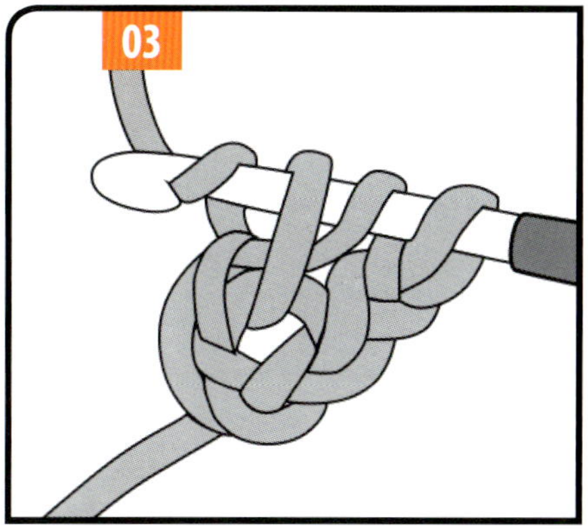

01 Passer le crochet sous le fil (= faire un jeté).

02 Piquer le crochet dans le cercle du début, et reprendre le fil par derrière avec le crochet, puis tirer le fil à travers le trou où le crochet avait été introduit.

03 Prendre avec le crochet le fil de la pelote et le tirer à travers chacune des 3 boucles.

04 La première demi-bride est ainsi terminée.

05 Ici, tu peux voir les 11 demi-brides dans le cercle du début.

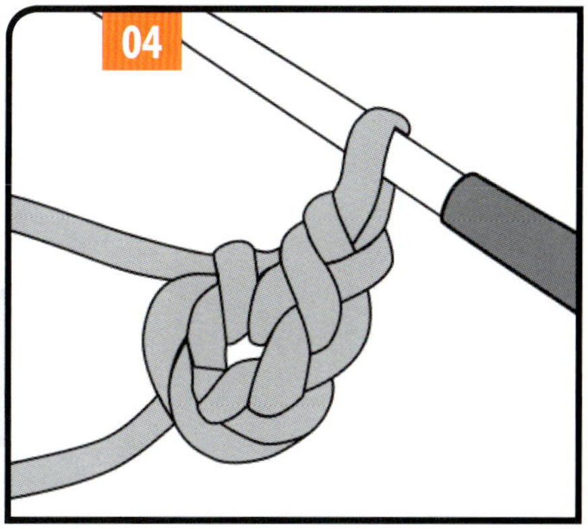

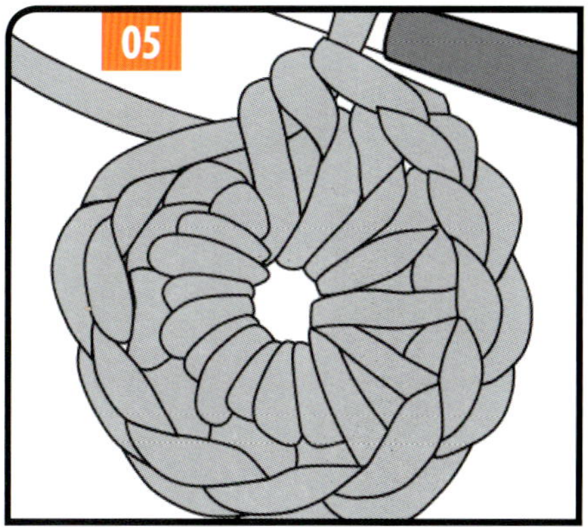

Rangs suivants, fin/ début de tour et changement de couleur

pour les mailles serrées, demi-brides ou brides simples. Les tours sont fermés pour éviter un décalage lors du changement de couleur.

Rangs suivants. Lorsque l'on poursuit en demi-brides, il suffit de crocheter 1 demi-bride dans chaque demi-bride du tour précédent, en prenant les 2 brins (brin avant, brin arrière). Pour doubler 1 demi-bride, crocheter 2 demi-brides dans la demi-bride du tour précédent en prenant aussi les 2 brins.

Fin/début de tour. Les tours se terminent par une maille coulée. Ils démarrent avec 1 maille en l'air.

Changement de couleur. Le changement de couleur se fait dans la maille coulée (bien serrer la maille coulée, laisser la maille en l'air un peu plus lâche).

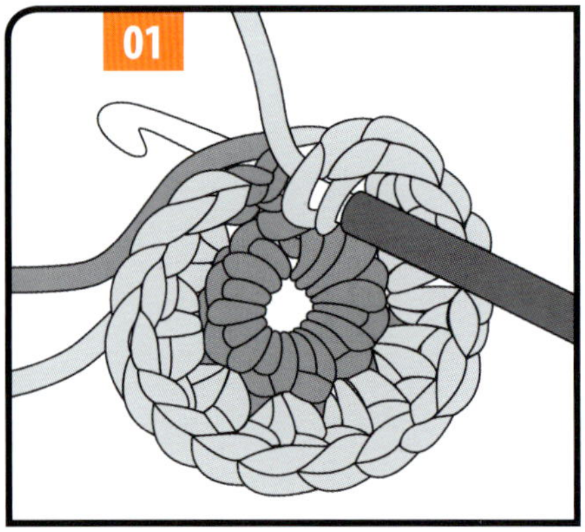

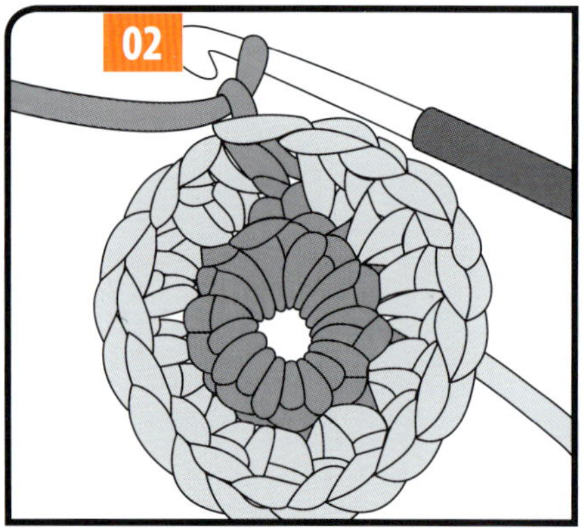

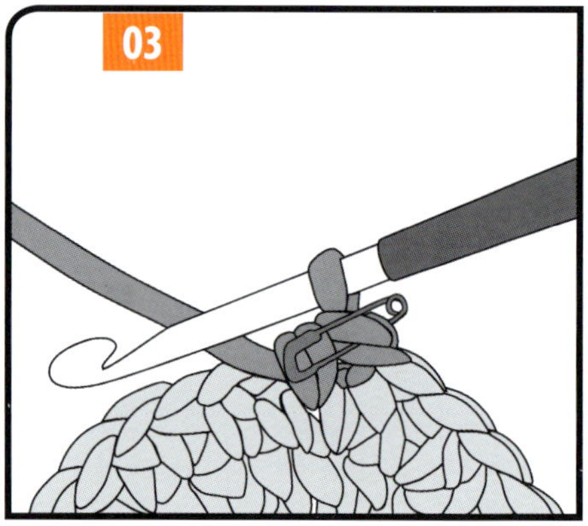

01 Pour le changement de couleur, avec la couleur en cours, piquer le crochet dans la dernière maille du tour précédent, prendre le fil de la nouvelle couleur que l'on a placé à l'arrière et le tirer à travers les 2 mailles qui se trouvent sur le crochet. On a réalisé 1 maille coulée avec la nouvelle couleur.

02 Faire 1 maille en l'air en continuant avec la nouvelle couleur.

03 Marquer la maille en l'air et la maille coulée par une épingle à nourrice car elles sont parfois difficiles à reconnaître.

Crocheter en spirale

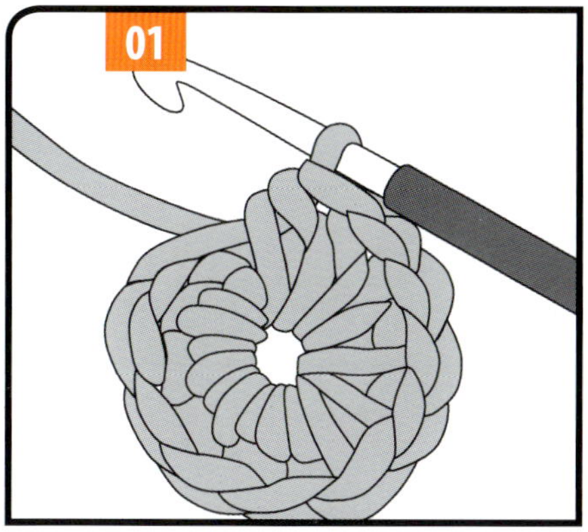

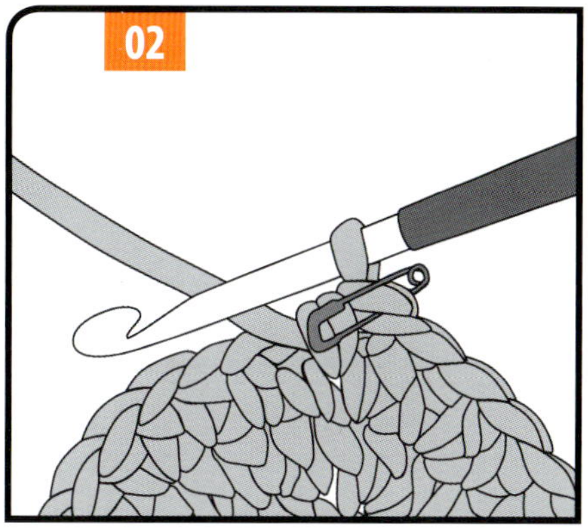

01 Crocheter en spirale signifie crocheter chaque tour sans maille coulée ni maille en l'air. Le cas échéant, toujours crocheter le nombre de mailles indiqué pour le tour et ne commencer le prochain tour que quand ce nombre est atteint.

02 Afin d'être sûr d'avoir le nombre exact, marquer la première maille de chaque nouveau tour avec une épingle à nourrice.

Monter les mailles en l'air doubles

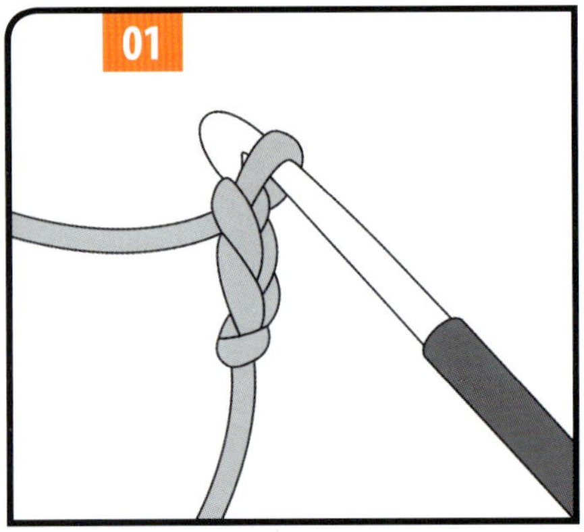

01 Sur le noeud coulant de démarrage, faire 2 mailles en l'air. Avec le pouce et le majeur de la main gauche (pour les droitiers), saisir le noeud de départ.

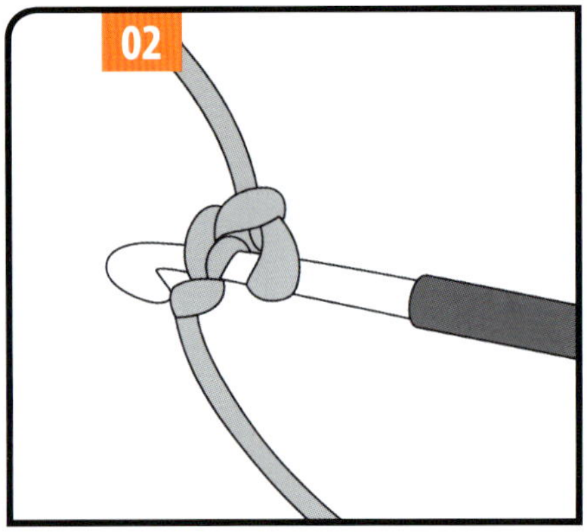

02 Piquer le crochet dans la 1ère maille en l'air et tirer le fil à travers celle-ci ; on a 2 mailles sur le crochet.

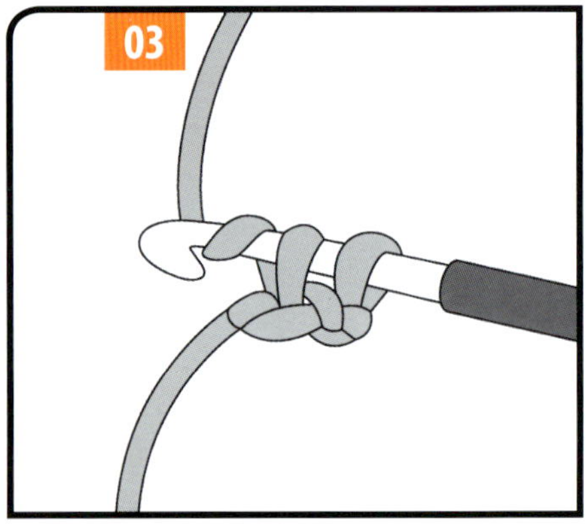

03 Prendre le fil de la pelote avec le crochet (= faire 1 jeté) et le passer à travers les 2 mailles. L'ouvrage est à gauche et le crochet à droite.

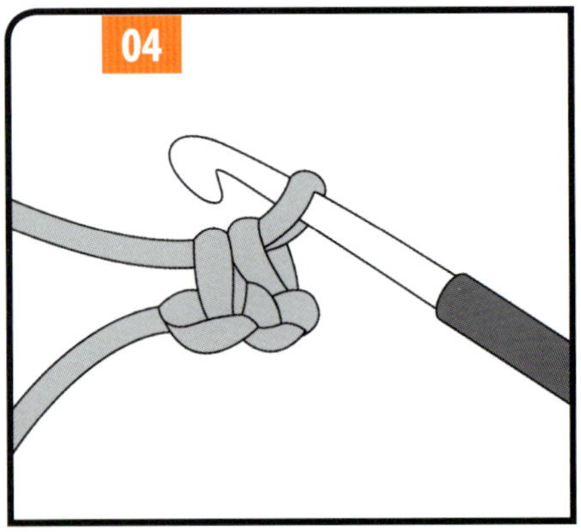

04 On voit maintenant les 2 mailles par lesquelles on a fait passer le crochet.

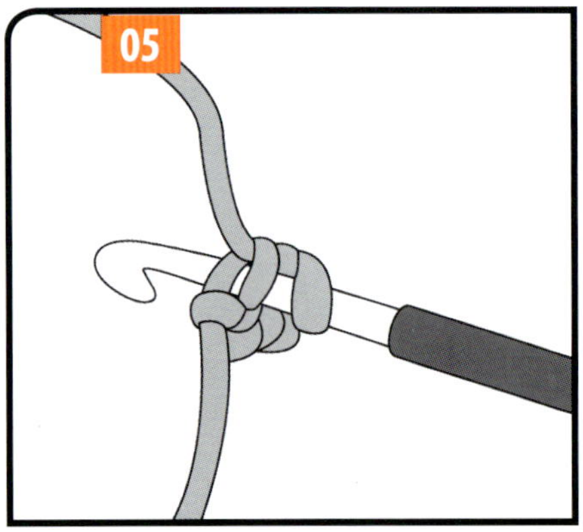

05 Piquer le crochet dans la maille de gauche, prendre le fil de la pelote avec le crochet et le faire passer dans la maille. Reprendre le fil de la pelote et le faire passer dans les 2 mailles.

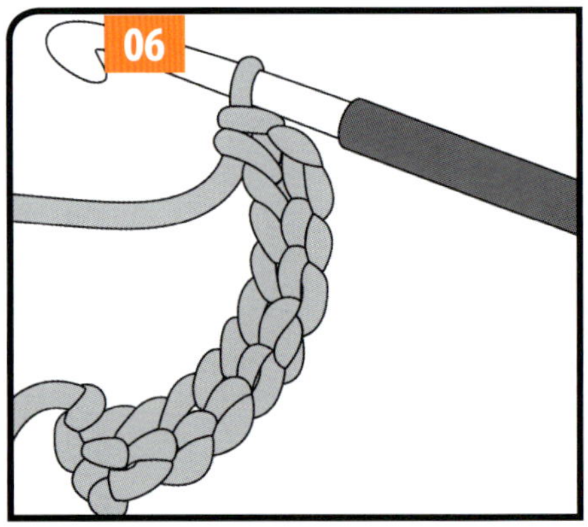

06 La chaînette de mailles en l'air doubles fronce un peu.

Pompon

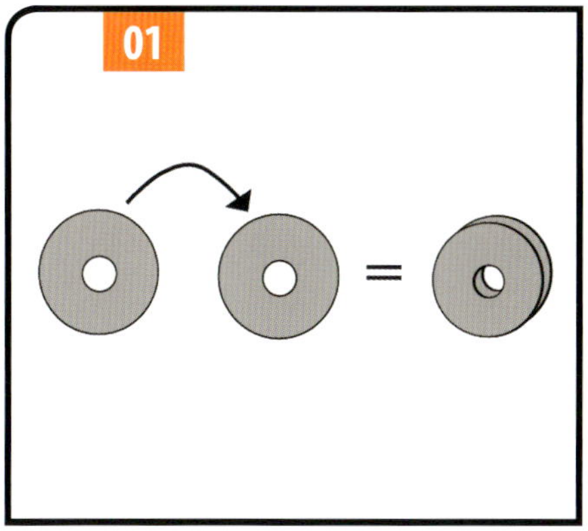

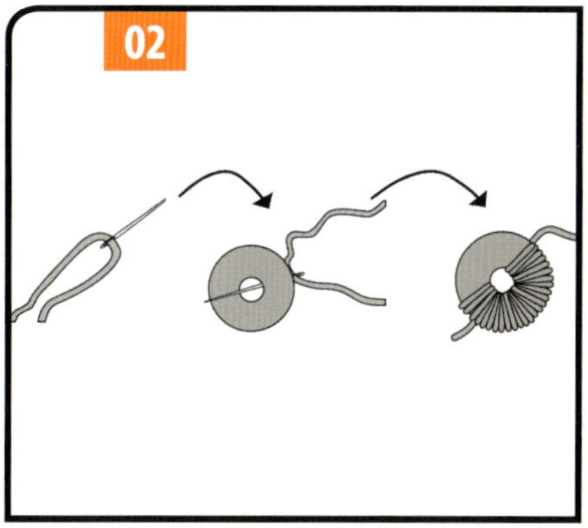

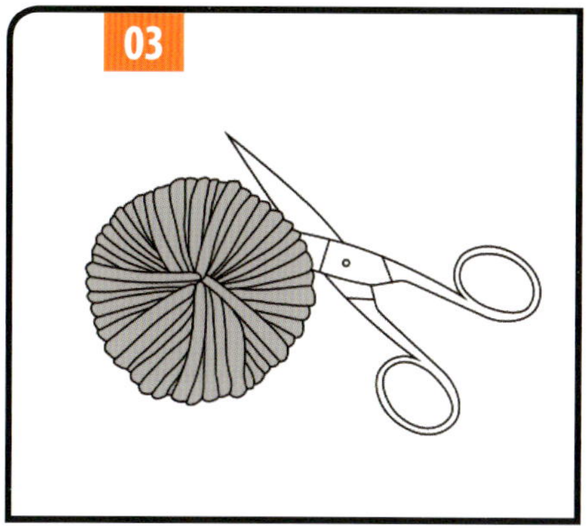

01 Découper 2 ronds en carton d'un diamètre de 6 cm. Couper ensuite un trou de 2 cm de diamètre au centre de chaque rond puis mettre les 2 rondelles obtenues l'une sur l'autre.

02 Enfiler maintenant un fil d'une longueur d'env. 2 m sur une grosse aiguille à coudre ou à broder et enrouler ce fil autour du trou. Répéter jusqu'à ce qu'il ne soit plus possible de passer par le trou avec l'aiguille.

03 Maintenant, couper la laine au niveau du bord extérieur des rondelles de manière à séparer les couches de laine du haut et du bas.

04 Prendre un fil de coton d'une longueur d'env. 50 cm et le serrer autour de la laine entre les deux rondelles en carton. Faire un double nœud. Couper les rondelles en carton sur le côté pour les retirer du pompon.

05 Pour terminer, égaliser les fils du pompon avant de le fixer au boshi par un nœud solide.

Etiquette

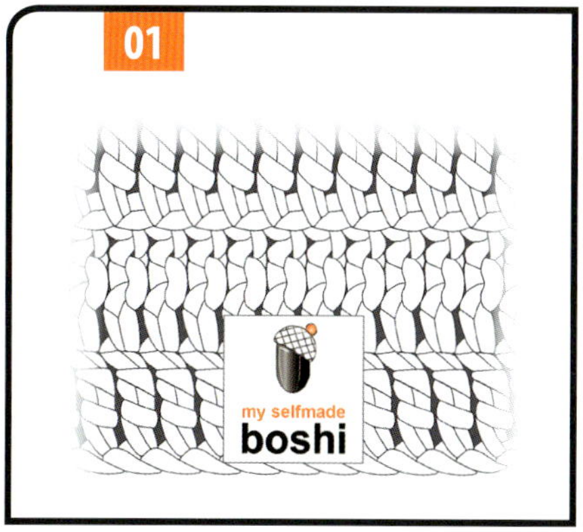

01 Enlever la feuille de protection et placer l'étiquette à l'endroit désiré. Appuyer fermement le fer à repasser (chauffé à env. 150°C) pendant env. 10 secondes sur l'étiquette posée sur le boshi. Placer pour plus de sûreté un tissu entre le fer à repasser et l'étiquette. L'étiquette colle correctement quand la couche d'adhésif s'est entièrement dissolue.

ASTUCE : Tu peux aussi coudre l'étiquette avec quelques points si tu veux être sûr qu'il tienne bien.

Crocheter un boshi soi-même, c'est si facile

Une fois que tu auras commencé, tu t'apercevras vite que crocheter un bonnet, c'est tout simple et qu'il te vient vite plein d'idées nouvelles et créatives.
Que ce soit avec pompon ou sans, avec plusieurs couleurs ou uni, avec nos 15 explications, tu peux créer des millions de boshis différents selon ton propre style.
Mais attention, la fièvre boshi est contagieuse et une fois contaminé, on ne s'en remet plus.

Daito

Deux mieux qu'un. Le boshi Daito est crocheté en fil doublé.

myboshi

Daito

Niveau

Crochet :
10 mm DMC

Fournitures :
laine myboshi n°1, prendre le fil en double

Couleurs :
couleur 1 : 60 g (181 neon orange) – couleur 2 : 60 g (161 lilac)

Échantillon test :
10 x 10 cm = 7 demi-brides x 6 rangs

Tour de tête :
taille M (52-56 cm), taille L (57-60 cm)

Début, en haut : valable pour les tailles M et L

C1 : faire un noeud coulant, monter 4 mailles en l'air et les fermer en rond. Pour cela, piquer le crochet dans la 1ère maille en l'air de la chaînette et faire 1 maille coulée pour former un petit rond. Ensuite, crocheter 1 maille en l'air (bien serrer la maille coulée, laisser la maille en l'air un peu plus lâche).

Les tours qui suivent sont toujours finis par 1 maille coulée puis démarrent avec 1 maille en l'air.

Le changement de couleur se fait dans la maille coulée, laisser la maille en l'air un peu plus lâche.

Si tu as du mal à retrouver la maille en l'air, tu peux la signaler à l'aide d'une épingle à nourrice tout simplement.

***ASTUCE :** Le Daito peut aussi être crocheté en spirale. Il faut alors faire attention de bien compter les tours :)*

***ATTENTION !** La laine est prise en double ; on crochète toujours avec 2 fils à la fois !*

myboshi-Explications détaillées

Explications pour taille M **(la taille L est plus large de 2 mailles en tour de tête et a un tour supplémentaire en longueur !). Les notes en gras sont à prendre en considération uniquement pour la taille L !**

À partir de maintenant, l'ouvrage se poursuit uniquement en demi-brides (voir "rangs suivants" page 18).

T 1
C1+C2 – crocheter 10 demi-brides dans le cercle du début = 10 M.

T 2
C1+C2 – doubler chaque demi-bride = 20 M.

T 3
C1+C2 – crocheter 1 demi-bride, doubler la 2ème demi-bride = 30 M.

T 4
C1+C2 – crocheter 5 demi-brides, doubler la 6ème demi-bride = 35 M.

T 5
C1+C2 – crocheter uniquement en demi-bride = 35 M.

T 5
C1+C2 – crocheter 16 demi-brides, doubler 1 demi-bride = 37 M.

T 6
C1+C2 – crocheter uniquement en demi-bride = 35 M.

T 6
C1+C2 – crocheter uniquement en demi-bride = 37 M.

T 7
C1+C2 – crocheter uniquement en demi-bride = 35 M.

T 8
C1+C2 – crocheter uniquement en demi-bride = 35 M.

T 9
C1+C2 – crocheter uniquement en demi-bride = 35 M.

T 10
C1+C2 – crocheter uniquement en demi-bride = 35 M.

T 11
C1+C2 – crocheter uniquement en demi-bride = 35 M.

T 12
C1+C2 – rang retour final : un rang de mailles serrées est maintenant crocheté vers la droite ; pour cela, simplement tourner le boshi.

Fin pour la taille M – 35 M.

T 13
C1+C2 – rang retour final : un rang de mailles serrées est maintenant crocheté vers la droite ; pour cela, simplement tourner le boshi.

Fin pour la taille L = 37 M.

Fin : faire disparaître tous les fils qui dépassent en les cousant bien.

Variantes de couleurs

Daito

myboshi @ School

Le crochet, c'est comme le vélo, ça s'apprend une fois et avec un peu d'entraînement, ça revient tout de suite.

La remarque habituelle, lors du premier contact avec myboshi, c'est : « Moi aussi, j'ai déjà appris le crochet à l'école primaire. Mon plus bel ouvrage ? Des maniques de cuisine. »

Mais cela peut aussi fonctionner différemment. L'organisation de nombreux « événements crochet » dans les écoles nous l'a prouvé. Là, ce sont surtout les garçons, qui avec un boshi très cool sur la tête, gagnent le respect des filles.

La gente féminine, elle, est notre plus grande source d'inspiration et d'idées. Qu'il s'agisse de combinaison de couleurs ou de motifs, sans nos petits designers en herbe, nous ne serions pas allés bien loin.

Et nous sommes particulièrement heureux de l'effet secondaire, pourtant non prémédité, qui est que l'activité au crochet myboshi calme même les plus agités des enfants. Le facteur mode, la facilité de réalisation et la réussite rapide et assurée enthousiasment aussi instituteurs et parents.

Nemuro

Le boshi Nemuro - un bonnet moderne - classique, uni.

Nemuro

Durée : 120 min.

Niveau

Crochet :
6 mm DMC

Fournitures :
laine myboshi n°1

Couleurs :
couleur 1 : 100 g (153 ocean blue)

Échantillon test :
10 x 10 cm = 12 demi-brides x 8 rangs

Tour de tête :
taille M (52-56 cm), taille L (57-60 cm)

Début, en haut : valable pour les tailles M et L

C1 : faire un noeud coulant, monter 4 mailles en l'air et les fermer en rond. Pour cela, piquer le crochet dans la 1ère maille en l'air de la chaînette et faire 1 maille coulée pour former un petit rond. Ensuite, crocheter 1 maille en l'air (bien serrer la maille coulée, laisser la maille en l'air un peu plus lâche).

Les tours qui suivent sont toujours finis par 1 maille coulée puis démarrent avec 1 maille en l'air.

Le changement de couleur se fait dans la maille coulée, laisser la maille en l'air un peu plus lâche.

Si tu as du mal à retrouver la maille en l'air, tu peux la signaler à l'aide d'une épingle à nourrice tout simplement.

ASTUCE : *On peut crocheter le boshi Nemuro aussi en spirale ! Il faut juste faire attention de bien compter les tours.*

À partir de maintenant, l'ouvrage se poursuit uniquement en demi-brides (voir "rangs suivants" page 18).

myboshi-Explications détaillées

Explications pour taille M **(la taille L est plus large de 4 mailles en tour de tête et a un tour supplémentaire en longueur !).**
Les notes en gras sont à prendre en considération uniquement pour la taille L !

T 1
C1 – crocheter 11 demi-brides dans le cercle du début = 11 M.

T 2
C1 – doubler chaque demi-bride = 22 M.

T 3
C1 – crocheter 2 demi-brides, doubler la 3ème demi-bride = 29 M.

T 4
C1 – crocheter 3 demi-brides, doubler la 4ème demi-bride = 36 M.

T 5
C1 – crocheter 4 demi-brides, doubler la 5ème demi-bride = 43 M.

T 6
C1 – crocheter 5 demi-brides, doubler la 6ème demi-bride = 50 M.

T 7
C1 – crocheter uniquement en demi-bride = 50 M.
C1 – crocheter 11 demi-bride**s, doubler la12ème demi-bride = 54 M.**

à partir de T 8
C1 – crocheter uniquement en demi-bride = 50 M.
C1 – crocheter uniquement en demi-bride **= 54 M.**

T 23
C1 – crocheter uniquement en demi-bride = 50 M.

T 24
C1 – rang retour final : un rang de mailles serrées est maintenant crocheté vers la droite ; pour cela, simplement tourner le boshi.

Fin pour la taille M = 50 M.

T 25
C1 – rang retour final : un rang de mailles serrées est maintenant crocheté vers la droite ; pour cela, simplement tourner le boshi.

Fin pour la taille L = 54 M.

À la fin : faire disparaître tous les fils qui dépassent en les cousant bien.

Nemuro

Variantes de couleurs

myboshi
Amour parental

C'est vrai, notre idée de business n'est pas courante et notre histoire un peu dingue, mais nous avons réussi à convaincre ceux qui furent au début les plus sceptiques – nos familles. Malgré le fait que certains membres de nos familles aient observé nos débuts en y croyant très peu, ce sont elles qui sont aujourd'hui devenues nos meilleures partenaires.

Nos mamans furent vite contaminées par la fièvre boshi, elles imaginent sans cesse de nouveaux modèles et crochètent sans arrêt.
Nos papas sont nos conseillers les plus honnêtes en ce qui concerne les questions financières ou de création d'entreprise.
Nos frères et sœurs portent nos bonnets et, inlassablement, font de la publicité pour notre label.

Amami

C'est la petite rayure au milieu de cet étroit bandeau qui lui donne un sacré caractère.

Amami

Niveau

Crochet :
6 mm DMC

Fournitures :
laine myboshi n°1

Couleurs :
couleur 1 : 30 g (137 apricot) – couleur 2 : 30 g (152 turquoise)
couleur 4 : 10 g (193 silver)

Échantillon test :
10 x 10 cm = 12 demi-brides x 8 rangs

Tour de tête :
taille M (52-56 cm), taille L (57-60 cm)

Explications

Ce bandeau est seulement un peu compliqué au début à cause des mailles en l'air doubles qu'il faut monter pour obtenir un bord plus stable et plus esthétique. Autrement, le bandeau est crocheté en demi-brides et en mailles à moitié piquées (celles de derrière).

Monter les mailles en l'air doubles

Voir les explications page 20.

Bandeau

Avant de commencer : mesurer 5m de fil et commencer là avec un noeud coulant. Ceci servira plus tard à faire le rang final ; le bandeau possède un rang final en haut et un rang final en bas ! Le mieux est de nouer ces 5 m de fil afin qu'ils ne dérangent pas pendant le travail.

Début, en bas : valable pour les tailles M et L

C1 : faire un noeud coulant, monter 50 (54) mailles en l'air doubles et les fermer en rond. Pour cela, piquer le crochet dans la 1ère maille en l'air de la chaînette et faire 1 maille coulée pour former un petit rond. Ensuite, crocheter 1 maille en l'air (bien serrer la maille coulée, laisser la maille en l'air un peu plus lâche).

Les tours qui suivent sont toujours finis par 1 maille coulée puis démarrent avec 1 maille en l'air.

Le changement de couleur se fait dans la maille coulée, laisser la maille en l'air un peu plus lâche.

Si tu as du mal à retrouver la maille en l'air, tu peux la signaler à l'aide d'une épingle à nourrice tout simplement.

À partir de maintenant, l'ouvrage se poursuit uniquement en demi-brides (voir "rangs suivants" page 18).

myboshi-Explications détaillées

Explications pour taille M **(la taille L est plus large de 4 mailles !). Les notes en gras sont à prendre en considération uniquement pour la taille L !**

T 1
C1 – crocheter uniquement en demi-bride dans les 50 **(54)** mailles de l'anneau de commencement = 50 **(54)** M.

T 2
C2 – crocheter uniquement en demi-bride = 50 **(54)** M.

T 3
C2 – crocheter uniquement en demi-bride = 50 **(54)** M.

T 4
C3 – crocheter des mailles serrées = 50 **(54)** M.

T 5
C2 – uniquement en demi-bride, mais seulement piquer dans le brin arrière de chaque maille du tour précédent = 50 **(54)** M.

T 6
C2 – crocheter uniquement en demi-bride = 50 **(54)** M.

T 7
C1 – crocheter uniquement en demi-bride = 50 **(54)** M.

T 8

C1 – rang retour final : un rang de mailles serrées est maintenant crocheté vers la droite ; pour cela, simplement tourner le boshi.

Fin pour la taille M **(L)** = 50 **(54)** M.

Pour terminer

Revenir aux 5 m de fil déjà déroulés, piquer dans la première maille et former une 1ère maille en l'air. Commencer avec le tour de mailles serrées dans le même point de piquage que pour la maille en l'air, crocheter le tour entier puis terminer par une maille coulée et une maille en l'air.

À la fin : faire disparaître tous les fils qui dépassent en les cousant bien.

Variantes de couleurs

Amami

Configure-toi ton propre Amami
www.myboshi.fr

myboshi

Handmade with love

Le crochet, c'est vieux et des hommes qui crochètent, ça, c'est le comble ! Oui, mais les bonnets, c'est style et myboshi, c'est le label mode absolu. Comment les deux vont-ils ensemble ?

Comme souvent dans la vie, la chance n'est pas toujours au rendez-vous, mais finalement, nous avons découvert que : le crochet rend sexy, le crochet détend, le crochet rend heureux !

Nous ne pouvions pas imaginer quelle influence le crochet aurait sur notre vie. Et que nous donnerions un jour des autographes, que nous aurions autant de succès et qu'on nous ferait autant de compliments, non, nous n'avions pas compté sur ça.

Nous recevons des lettres de personnes que nous ne connaissons absolument pas et qui nous expliquent comment en faisant un bonnet en crochet, ils ont enfin réappris à « décrocher ». Que leur quotidien stressant ne leur offrait aucune pause et que via l'activité régulière de crochet, ils avaient enfin appris à se détendre une heure de temps en temps, pour finalement expérimenter la sensation grisante d'avoir fait soi-même quelque chose d'absolument cool.

Et puis il y a les petits messages d'adolescents, dont l'argent de poche ne suffit pas à l'achat d'accessoires chers, et qui maintenant font leurs boshis eux-mêmes au crochet et sont en plus devenus des petites stars parmi leurs connaissances.

Et bien sûr, nous recevons des photos du monde entier avec des gens portant nos boshis sur la tête.

myboshi – la meilleure décision de notre vie.

Beppu

Beppu- le bonnet aux 4 petites rayures.

Beppu

Niveau

Crochet :
6 mm DMC

Fournitures :
laine myboshi n°1

Couleurs :
couleur 1 : 60 g (152 turquoise) – couleur 2 : 20 g (181 neon orange)

Échantillon test :
10 x 10 cm = 12 demi-brides x 8 rangs

Tour de tête :
taille M (52-56 cm), taille L (57-60 cm)

Début, en haut : valable pour les tailles M et L

C1 : faire un noeud coulant, monter 4 mailles en l'air et les fermer en rond. Pour cela, piquer le crochet dans la 1ère maille en l'air de la chaînette et faire 1 maille coulée pour former un petit rond. Ensuite, crocheter 1 maille en l'air (bien serrer la maille coulée, laisser la maille en l'air un peu plus lâche).

Les tours qui suivent sont toujours finis par 1 maille coulée puis démarrent avec 1 maille en l'air.

Le changement de couleur se fait dans la maille coulée, laisser la maille en l'air un peu plus lâche.

Si tu as du mal à retrouver la maille en l'air, tu peux la signaler à l'aide d'une épingle à nourrice tout simplement.

À partir de maintenant, l'ouvrage se poursuit uniquement en demi-brides (voir "rangs suivants" page 18).

myboshi-Explications détaillées

Explications pour taille M **(la taille L est plus large de 4 mailles en tour de tête et a un tour supplémentaire en longueur !). Les notes en gras sont à prendre en considération uniquement pour la taille L !**

T 1
C1 – crocheter 11 demi-brides dans le cercle du début = 11 M.

T 2
C1 – doubler chaque demi-bride = 22 M.

T 3
C1 – crocheter 2 demi-brides, doubler la 3ème demi-bride = 29 M.

T 4
C1 – crocheter 3 demi-brides, doubler la 4ème demi-bride = 36 M.

T 5
C1 – crocheter 4 demi-brides, doubler la 5ème demi-bride = 43 M.

T 6
C1 – crocheter 5 demi-brides, doubler la 6ème demi-bride = 50 M.

T 7
C1 – crocheter uniquement en demi-bride = 50 M.
C1 – crocheter 11 demi-brides, doubler 1 demi-bride = 54 M.

T 8
C1 – crocheter uniquement en demi-bride = 50 M.

à partir de T 8
C1 – crocheter uniquement en demi-bride = 54 M.

T 9
C1 – crocheter uniquement en demi-bride = 50 M.

T 10
C1 – crocheter uniquement en demi-bride = 50 M.

T 11
C2 – crocheter uniquement en demi-bride = 50 M.

T 12
C1 – crocheter uniquement en demi-bride = 50 M.
C2 – crocheter uniquement en demi-bride = 54 M.

T 13
C2 – crocheter uniquement en demi-bride = 50 M.

T 14
C1 – crocheter uniquement en demi-bride = 50 M.
C2 – crocheter uniquement en demi-bride = 54 M.

T 15
C2 – crocheter uniquement en demi-bride = 50 M.

T 16
C1 – crocheter uniquement en demi-bride = 50 M.
C2 – crocheter uniquement en demi-bride = 54 M.

T 17
C2 – rang retour final : un rang de mailles serrées est maintenant crocheté vers la droite ; pour cela, simplement tourner le boshi.

Fin pour la taille M = 50 M.

T018
C2 – rang retour final : un rang de mailles serrées est maintenant crocheté vers la droite ; pour cela, simplement tourner le boshi.

Fin pour la taille L = 54 M.

Fin : faire disparaître tous les fils qui dépassent en les cousant bien.

Variantes de couleurs

Beppu

myboshi
des histoires qui nous vont droit au cœur

Bébé-boshi
Quand quelqu'un est pris par la fièvre boshi, il veut faire cadeau de ses œuvres au monde entier. C'était le cas d'un de nos premiers porteurs de boshi.
Il nous demanda de crocheter un boshi pour son enfant encore à naître.
Très fiers et avec beaucoup d'amour, nous avons conçu notre premier miniboshi.

Être cool avec son argent de poche
Les bonnets, c'est style, les bonnets, c'est cool, mais pour un adolescent, c'est à peine abordable avec juste de l'argent de poche. Ainsi est arrivé un jour le mail suivant : « Vos boshis provoquent de sacrées vagues. Mon fils a douze ans et vient d'investir tout son argent de poche dans un snowboard. Maintenant, pour atteindre le summum de la perfection, il ne lui manque que son bonnet préféré, l'« Otaru », qui coûte 50 €, somme qu'il n'a tout simplement plus. » Nous lui avons alors proposé de crocheter lui-même ce bonnet ! Il était enthousiaste et nous sommes sûrs que maintenant, toute l'école porte ses bonnets.

Une clientèle qui sort de l'ordinaire
Oui, il y a toujours des découvertes qui nous étonnent nous aussi. Par exemple que le modèle « Saitama » est essentiellement acheté par des dames entre 70 et 80 ans.

Quand nous avons voulu en savoir plus, nous avons reçu la réponse suivante, surprenante : « J'aime tellement ce bonnet, parce qu'il est un peu plus long derrière et tient chaud de façon si agréable ! »

Ainsi, elles portaient notre boshi à l'envers et avaient trouvé que notre visière branchée faisait une excellente protection pour le cou. Une inversion du sens étonnante pour une clientèle inattendue.

lida

Le boshi lida. Une nouveauté au ciel des boshis ! Grâce à ses côtes qui se répartissent sur tout le tour du bonnet, celui-ci ressemble un peu à un coquillage. Sa bande et sa bordure colorées lui donnent joliment du caractère.

lida

Niveau

Crochet :
6 mm DMC

Fournitures :
laine myboshi n°1

Couleurs :
couleur 1 : 80 g (171 beige) – couleur 2 : 20 g (161 lilac)

Échantillon test :
10 x 10 cm = 11 demi-brides x 6 rangs

Tour de tête :
taille M (52-56 cm), taille L (57-60 cm)

Le motif bride relief

La bride relief est une bride simple piquée à l'arrière de la maille du rang précédent (voir page 15). Le bonnet tout entier est composé de 12 côtes faites de brides relief, c'est-à-dire qu'on crochète toujours 1 bride relief sur une bride relief. Dans l'espace intermédiaire, on crochète toujours des brides simples.

Brides simples

Avant de crocheter dans la 1ère maille, faire un jeté. Prendre le fil et le tirer à travers les 2 premières mailles (sur les 3). Il y a ainsi 2 mailles sur le crochet. Reprendre le fil avec le crochet et le tirer à travers les 2 mailles qui sont encore sur le crochet. La bride simple est terminée ! Voir page 14.

Bride relief

Voir les explications de la bride relief page 15.

Début, en haut : valable pour la taille M (la taille L est plus large de 3 mailles et a 1 tour supplémentaire en longueur)

C1 : faire un noeud coulant, monter 4 mailles en l'air et les fermer en rond. Pour cela, piquer le crochet dans la 1ère maille en l'air de la chaînette et faire 1 maille coulée pour former un petit rond.

A partir de maintenant, l'ouvrage se poursuit uniquement en brides simples.

myboshi-Explications détaillées

Explications pour taille M **(la taille L est plus large de 3 mailles en tour de tête et a un tour supplémentaire en longueur). Les notes en gras sont à prendre en considération uniquement pour la taille L !**

T 1
C1 - dans le cercle du début, faire 12 brides, fermer avec 1 maille coulée.
C1 - dans le rond du début, faire 13 brides et fermer avec 1 maille coulée = 12M.

T 2
C1 - crocheter 2 mailles en l'air, *1 bride relief, 1 bride*. Continuer à crocheter de *à*. Le tour se termine par 1 bride relief. En tout, il y a 12 brides relief et 11 brides.
Pour la taille L, il y a 13 brides relief et 12 brides.

T 3
C1 - crocheter 1 maille coulée dans la maille se trouvant avant la 1ère bride relief du tour précédent, 2 mailles en l'air, *1 bride relief, 2 brides*. Continuer de *à*. La bride relief se crochète sur la bride relief du tour précédent pour créer une côte.
Le tour se termine par 1 bride relief et 1 bride.
En tout, il y a 12 brides relief et 24 brides.
Taille L : 13 brides relief et 26 brides.

T 4
C1 - crocheter 1 maille coulée dans la maille se trouvant avant la 1ère bride relief du tour précédent, 2 mailles en l'air, *1 bride relief, 3 brides*. Continuer de *à*. La bride relief se crochète sur la bride relief du tour précédent pour créer une côte.
Le tour se termine par 2 brides.
En tout, il y a 12 brides relief et 35 brides.
Taille L : 13 brides relief et 39 brides.

T 5
C1 - crocheter 1 maille coulée dans la maille se trouvant avant la 1ère bride relief du tour précédent, 2 mailles en l'air (à la fin du tour, on y crochètera la derniière bride), *1 bride relief, 3 brides*. Continuer de *à*. La bride relief se crochète sur la bride relief du tour précédent pour créer une côte.

En tout, il y a 12 brides relief et 36 brides.

ATTENTION! *Cela donne l'impression qu'on oublie à chaque fois 1 maille entre les brides relief, mais il doit toujours rester 3 brides dans l'intervalle.*

T6
C1 - *crocheter 1 bride relief, 3 brides*. A partir de maintenant, continuer de *à*. A partir de ce tour jusqu'au T10, aucune maille coulée ou maille en l'air n'est plus crochetée.

ATTENTION ! *Marquer les tours avec une épingle à nourrice, ainsi le comptage est plus facile.*

T 7
C1 - *crocheter 1 bride relief, 3 brides*. A partir de maintenant, crocheter de *à*.

T 8
C1 - *crocheter 1 bride relief, 3 brides*. A partir de maintenant, crocheter de *à*.

T 9
C1 - *crocheter 1 bride relief, 3 brides*. A partir de maintenant, crocheter de *à*.

T 10

C1 - ***cro**cheter 1 bride relief, 3 brides*. A partir de maintenant, crocheter de *à*. Fermer par 1 maille coulée et 2 mailles en l'air.

T 11
C1 - *crocheter 1 bride relief, 3 brides*. A partir de maintenant, crocheter de *à*. Fermer par 1 maille coulée et 2 mailles en l'air.

T 12
C2 - *crocheter 1 bride relief, 3 brides*. A partir de maintenant, crocheter de *à*. Fermer par 1 maille coulée.

T 13
C1 - *crocheter 1 bride relief, 3 brides*. A partir de maintenant, crocheter de *à*.

C2 - *crocheter 1 bride relief, 3 brides*. A partir de maintenant, crocheter de *à*. Fermer par 1 maille coulée.

T 14
C1 - *crocheter 1 bride relief, 3 brides*. A partir de maintenant, crocheter de *à*. Fermer par 1 maille coulée.

T 15
C2 - Rang retour final : un rang de mailles serrées est maintenant crocheté vers la droite ; pour cela, simplement tourner le boshi.

Fin pour la taille M.

T 16
C2 - Rang retour final : un rang de mailles serrées est maintenant crocheté vers la droite ; pour cela, simplement tourner le boshi.

Fin pour la taille L.

A la fin : faire disparaître tous les fls qui dépassent en les cousant bien.

Variantes de couleurs

lida

Kanuma

Le bonnet de marin, c'est du passé ! Si le boshi Kanuma, bonnet uni avec un grand rebord, est si facile à crocheter, c'est qu'il est fait d'un motif à larges côtes. On assemble tout simplement les côtés du bonnet au crochet, puis on referme le tout en tirant sur un fil en haut du bonnet.

Kanuma

Niveau

Crochet :
6 mm DMC

Fournitures :
laine myboshi n°1, 3 pelotes pour la taille M

Couleurs :
couleur 1 : 110 g (152 turquoise)

Échantillon test :
10 x 10 cm = 12 demi-brides x 8 rangs

Tour de tête :
taille M (52-56 cm), taille L (57-60 cm)

Motif
Crocheter une demi-bride dans le brin arrière de la maille du rang précédent.

En crochetant uniquement dans le brin arrière de la maille du rang précédent, on obtient un aspect côtelé.

myboshi-Explications détaillées

Explications pour la taille M **(la taille L est plus longue de 2 rangs et plus large de 4 mailles !). Les notes en gras sont à prendre en considération uniquement pour la taille L !**

Début partie inférieure
C1 : monter 34 **(38)** mailles en l'air + 1 maille en l'air pour tourner

1er rang :
Crocheter 31 **(35)** demi-brides, 3 mailles coulées

2ème rang :
Crocheter 3 mailles coulées, 31 **(35)** demi-brides pour obtenir l'effet côtelé

ATTENTION ! *Ne piquer que dans le brin arrière de la maille du rang précédent.*

Recommencer Rg 1 et Rg 2 :
Continuer à crocheter en demi-brides (en piquant dans le brin arrière de la maille du rang précédent) et en mailles coulées.

ATTENTION ! *Ne pas oublier la maille en l'air pour tourner à la fin de chaque rang !*

Crocheter jusqu'au rang 35 **(37)**. Couper le fil en lui laissant env. 20 cm de long.

D'abord, poser les extrémités (1er et dernier rangs) l'une à côté de l'autre et les assembler par une maille coulée.

ATTENTION ! *Afin que, lors de l'assemblage, les mailles coulées aient la même direction que celle des demi-brides dans les côtes, poser le bout étroit à droite et le bout large à gauche. Maintenant, assembler les mailles coulées en les crochetant de la droite vers la gauche.*

À l'aide de l'aiguille à coudre, faire passer le fil de 20 cm de long dans la maille bordure du bout étroit, tirer l'ensemble et coudre.

Le bord du bonnet est rabattu avec une largeur d'environ 6 demi-brides.

À la fin : faire disparaître tous les fils qui dépassent en les cousant bien.

C est l'abréviation pour couleur, T est l'abréviation pour tour, M est l'abréviation pour mailles
Rg est l'abréviation de rang

Kanuma

Variantes de couleurs

Configure-toi ton propre Kanuma www.myboshi.fr

myboshi
marketing pour les nuls, 1ère partie

Les pistes de ski du monde entier comme base pour trouver des fans, c'était encore assez facile. Mais comme nous voulions trouver de nouveaux clients nous avons cherché les endroits où se trouvent des jeunes gens à l'affût des dernières modes. L'un d'entre eux, évidemment, était l'université.

Les étudiants font du tricot et du crochet sans arrêt, c'est ce que nous croyions. Alors, nous avons mis laine et aiguilles dans notre sac à dos et nous nous sommes mélangés aux étudiants en génie mécanique.

L'étonnement fut immense. Nous nous sommes rarement sentis si peu à notre place. Mais il fallait persévérer et en effet, notre énorme succès marketing a finalement démarré sur le campus.

Nous avons été confrontés aux premières questions étonnées et notre histoire insolite a suscité énormément d'intérêt. Nous avons vendu quelques boshis et sommes devenus le sujet de conversation du jour.

Aujourd'hui, nous prenons des chemins différents, mais cette expérience nous reste précieuse.

Ome

Le boshi Ome est un bonnet bien ajusté avec 3 bandes de couleur réparties sur le bonnet. En gros, le bonnet est composé d'une couleur principale (C1) et de 3 couleurs secondaires (C2, C3, C4).

Ome

Niveau

Crochet :
6 mm DMC

Fournitures :
laine myboshi n°1

Couleurs :
couleur 1 : 50 g (194 grey) - couleur 2 (191 white),
couleur 3 (154 petrol), couleur 4 (184 neon green) : pour chacune 10 g

Échantillon test :
10 x 10 cm = 12 demi-brides x 8 rangs

Tour de tête :
taille M (52-56 cm), taille L (57-60 cm)

Succession des couleurs

Pour la taille M:	**Pour la taille L:**
C1 : T 1 – T 2 = 2 tours	**C1 : T 1 – T 3 = 3 tours**
C2 : T 3 – T 4 = 2 tours	**C2 : T 4 – T 5 = 2 tours**
C1 : T 5 – T 7 = 3 tours	**C1 : T 6 – T 8 = 3 tours**
C3 : T 8 – T 9 = 2 tours	**C3 : T 9 – T 10 = 2 tours**
C1 : T 10 – T 12 = 3 tours	**C1 : T 11 – T 13 = 3 tours**
C4 : T 13 – T 14 = 2 tours	**C4 : T 14 – T 15 = 2 tours**
C1 : T 15 – T 16 = 2 tours	**C1 : T 16 – T 17 = 2 tours**
C1 : T 17 : Rang retour final	**C1 : T 18** **Rang retour final**

Un rang de mailles serrées est maintenant crocheté vers la droite ; pour cela, simplement tourner le boshi.

Début, en haut : valable pour les tailles M et L

C1 : faire un noeud coulant, monter 4 mailles en l'air et les fermer en rond. Pour cela, piquer le crochet dans la 1ère maille en l'air de la chaînette et faire 1 maille coulée pour former un petit rond. Ensuite, crocheter 1 maille en l'air (bien serrer la maille coulée, laisser la maille en l'air un peu plus lâche).

Les tours qui suivent sont toujours finis par 1 maille coulée puis démarrent avec 1 maille en l'air.

Le changement de couleur se fait dans la maille coulée, laisser la maille en l'air un peu plus lâche.

A partir de maintenant, l'ouvrage se poursuit uniquement en demi-brides. Voir "rangs suivants" page 18.

myboshi-Explications détaillées

Explications pour taille M **(la taille L est plus large de 4 mailles en tour de tête et est plus longue d'un tour). Les notes en gras sont à prendre en considération uniquement pour la taille L !**

T 1
C1 – crocheter 11 demi-brides dans le cercle du début = 11 M.

T 2
C1 – doubler chaque demi-bride = 22 M.

T 3
C2 – crocheter 2 demi-brides, doubler la 3ème demi-bride = 29 M.
C1 – crocheter 2 demi-brides, doubler la 3ème demi-bride = 29 M.

ATTENTION! Pour la taille L, le tour est décalé de 1 vers le bas. Le bloc de couleurs C1 est plus long d'un tour.

T 4
C2 – crocheter 3 demi-brides, doubler la 4ème demi-bride = 36 M.

T 5
C1 – crocheter 4 demi-brides, doubler la 5ème demi-bride = 43 M.

T 6
C1 – crocheter 5 demi-brides, doubler la 6ème demi-bride = 50 M.

T 7
C1 – crocheter uniquement en demi-bride = 50 M.
C1 – crocheter 11 demi-brides, doubler la 12ème demi-bride = 54 M.

T 8
C3 – crocheter uniquement en demi-bride = 50 M.

T 9
C3 – crocheter uniquement en demi-bride = 50 M.

C est l'abréviation pour couleur, T est l'abréviation pour tour, M est l'abréviation pour mailles

T 10
C1 – crocheter uniquement en demi-bride = 50 M.

T 11
C1 – crocheter uniquement en demi-bride = 50 M.

T 12
C1 – crocheter uniquement en demi-bride = 50 M.

T 13
C4 – crocheter uniquement en demi-bride = 50 M.

T 14
C4 – crocheter uniquement en demi-bride = 50 M.

T 15
F1 – crocheter uniquement en demi-bride = 50 M.

T 16
F1 – crocheter uniquement en demi-bride = 50 M.

T 17
C1 – rang retour final : un rang de mailles serrées est maintenant crocheté vers la droite ; pour cela, simplement tourner le boshi.

Fin pour la taille M = 50 M.

T 18
C1 – rang retour final : un rang de mailles serrées est maintenant crocheté vers la droite ; pour cela, simplement tourner le boshi."

Fin pour la taille L = 54 M.

ASTUCE : *Les bandes de couleurs ne font chacune que 2 tours, une fois ceux-ci terminés, le fil peut-être coupé en laissant env. 15 cm, puis bien cousu afin de le faire disparaître.*

À la fin : faire disparaître tous les fils qui dépassent en les cousant bien.

Variantes de couleurs

Ome

Configure-toi ton propre Ome
www.myboshi.fr

Montre-moi ton boshi,
et je te dis qui tu es...

Notre idée de faire des bonnets a ses racines dans le petit village tranquille, tout endormi, de Hachi-Kogen au Japon. L'ambiance après-ski nous manquait pendant cet échange entre profs de ski, et nos soirées se faisaient de plus en plus longues.
Par chance, nous avons fait la connaissance d'une collègue espagnole qui nous a appris avec patience la technique du crochet pour notre premier boshi.

Le virus du crochet nous avait contaminés et nous étions :

étonnés – de nos propres capacités

fiers – des résultats très présentables obtenus

détendus – car avec chaque bonnet, nous nous reposions de la fatigue de la journée

convaincus – que ça, c'était certainement une excellente idée de commercialisation

Avec cette mission et la création du mot japonais/anglais « MyBoshi » (boshi veut dire bonnet en japonais), nous sommes rentrés tous deux chez nous à Helmbrechts.

Depuis, nos bonnets sont disséminés de par le monde. En Autriche, en Italie ou en Suisse, nous avons une communauté de fans gigantesque. Et des paquets partent également vers l'Australie, les USA ou bien pour faire du snowboard au Chili et nous nous réjouissons de chaque photo qui nous arrive de chaque coin du monde.

Osaka +1

Le boshi Osaka est un accessoire coloré à rayures et zébrures, pour toutes les têtes. Et il a aussi une petite ligne colorée (+1), un petit quelque chose de spécial qui attire l'attention. Et ceci d'autant plus que vous aurez osé une couleur bien voyante.

Osaka +1

Niveau

Crochet :
6 mm DMC

Fournitures :
laine myboshi n°1

Couleurs :
couleur 1 : 40 g (134 chilli) - couleur 2 : 40 g (192 ivory)
couleur 3 : 10 g (155 navy)

Échantillon test :
10 x 10 cm = 12 demi-brides x 8 rangs

Tour de tête :
taille M (52-56 cm), taille L (57-60 cm)

Début, en haut : valable pour les tailles M et L

C1 : faire un noeud coulant, monter 4 mailles en l'air et les fermer en rond. Pour cela, piquer le crochet dans la 1ère maille en l'air de la chaînette et faire 1 maille coulée pour former un petit rond. Ensuite, crocheter 1 maille en l'air (bien serrer la maille coulée, laisser la maille en l'air un peu plus lâche).

Les tours qui suivent sont toujours finis par 1 maille coulée puis démarrent avec 1 maille en l'air.

A partir de maintenant, l'ouvrage se poursuit uniquement en demi-brides. Voir "rangs suivants" page 18.

Succession de couleurs : valable pour les tailles M et L

C1 : T 1	T 3	T 5	T 7	T 9	T 11	T 13	T 15	**T 17**	(pour la taille L)
C2 : T 2	T 4	T 6	T 8	T 10	T 12		T 16		
C3 :						T 14			

Attention ! (pour la taille M, après le T 16 crocheter un rang retour final en C1)
(pour la taille L, après le T 17 crocheter un rang retour final dans la même couleur)

myboshi-Explications détaillées

Explications détaillées pour taille M **(la taille L est plus large de 4 mailles en tour de tête et est plus longue d'un tour). Les notes en gras sont à prendre en considération uniquement pour la taille L !**

T 1
C1 – crocheter 11 demi-brides dans le cercle du début

T 2
C2 – doubler chaque demi-bride = 22 M.

T 3
C1 – crocheter 2 demi-brides, doubler la 3ème demi-bride = 29 M.

T 4
C2 – crocheter 3 demi-brides, doubler la 4ème demi-bride = 36 M.

T 5
C1 – crocheter 4 demi-brides, doubler la 5ème demi-bride = 43 M.

T 6
C2 – crocheter 5 demi-brides, doubler la 6ème demi-bride = 50 M.

T 7
C1 – crocheter 11 demi-brides, doubler 1 demi-bride et doubler la dernière demi-bride = 50 M.
C1 – crocheter 11 demi-brides, doubler 1 demi-bride et doubler la demi-bride = 54 M.

à partir de T 8
C2– crocheter uniquement en demi-bride = 50 M.
C1 – crocheter uniquement en demi-bride = 54 M.

ATTENTION ! Taille M : crocheter en C3 au T 14
Taille L : crocheter aussi le T 14 en C3

T 17
C1 – rang retour final : un rang de mailles serrées est maintenant crocheté vers la droite ; pour cela, simplement tourner le boshi.

Fin pour la taille M = 50 M.

T 17
C1– crocheter uniquement en demi-bride = 54 M.

T 18
C1– rang retour final : un rang de mailles serrées est maintenant crocheté vers la droite ; pour cela, simplement tourner le boshi.

Fin pour la taille L = 54 M.

À la fin : faire disparaître tous les fils qui dépassent en les cousant bien.

Osaka +1

Configure-toi ton propre Osaka+1
www.myboshi.fr

myboshi
les mamies les plus cools du monde

De retour en Allemagne, et malgré toute notre passion pour le crochet, nous avons vite atteint nos limites. Crocheter deux à quatre boshis tous les soirs devant la télé n'était bientôt plus suffisant pour satisfaire la demande et nous nous sommes décidés à chercher de l'aide en mettant une annonce dans le journal.

Qui aurait pensé qu'avec notre premier appel à l'aide, toute une génération d'adorables dames d'un certain âge aurait été amenée à retrouver une activité professionnelle?

Maintenant, nous faisons travailler plus de 40 crocheteuses qui nous ont adoptés, nous font des gâteaux, nous chouchoutent, et qui sont pour leurs petits-enfants les grands-mères les plus cools du monde.

Niseko

Le boshi Niseko - tout une histoire à lui tout seul - notre bestseller et des rayures à l'infini !

Niseko

Niveau

Crochet :
6 mm DMC

Fournitures :
laine myboshi n°1

Couleurs :
couleur 1 : 55 g (131 orange) - couleur 2 : 55 g (155 navy)

Échantillon test :
10 x 10 cm = 12 demi-brides x 8 rangs

Tour de tête :
taille M (52-56 cm), taille L (57-60 cm)

Début, en haut : valable pour les tailles M et L

C1 : faire un noeud coulant, monter 4 mailles en l'air et les fermer en rond. Pour cela, piquer le crochet dans la 1ère maille en l'air de la chaînette et faire 1 maille coulée pour former un petit rond. Ensuite, crocheter 1 maille en l'air (bien serrer la maille coulée, laisser la maille en l'air un peu plus lâche).

Les tours qui suivent sont toujours finis par 1 maille coulée puis démarrent avec 1 maille en l'air.

A partir de maintenant, l'ouvrage se poursuit uniquement en demi-brides. Voir "rangs suivants" page 18.

Succession de couleurs : valable pour les tailles M et L

C1 : T 1 T 3 T 5 T 7 T 9 T 11 T 13 T 15 T 17 T 19 T 21 T 23
T 24 = rang retour final pour taille M avec mailles serrées
T 25 = rang retour final pour taille L avec mailles serrées

C2 : T 2 T 4 T 6 T 8 T 10 T 11 T 14 T 16 T 18 T 20 T 22 **T 24 uniquement pour la taille L**

myboshi-Explications détaillées

Explications détaillées pour taille M **(la taille L est plus large de 4 mailles en tour de tête et a un tour supplémentaire en longueur). Les notes en gras sont à prendre en considération uniquement pour la taille L !**

T 1
C1 – crocheter 11 demi-brides dans le cercle du début = 11 M.

T 2
C2 – doubler chaque demi-bride = 22 M.

T 3
C1 – crocheter 2 demi-brides, doubler la 3ème demi-bride = 29 M.

T 4
C2 – crocheter 3 demi-brides, doubler la 4ème demi-bride = 36 M.

T 5
C1 – crocheter 4 demi-brides, doubler la 5ème demi-bride = 43 M.

T 6
C2 – crocheter 5 demi-brides, doubler la 6ème demi-bride = 50 M.

T 7
C1 – crocheter 11 demi-brides, doubler 1 demi-bride et doubler la 12ème demi-bride = 50 M.
C2 – crocheter 11 demi-brides, doubler 1 maille = 54 M.

à partir de T8
C2 – crocheter uniquement en demi-bride = 50 M.
C1 – crocheter uniquement en demi-bride = 54 M.

T 23
C1 – crocheter uniquement en demi-bride = 50 M.

T 24
C1 – rang retour final : un rang de mailles serrées est maintenant crocheté vers la droite ; pour cela, simplement tourner le boshi.

Fin pour la taille M = 50 M.

T 24
C2 – crocheter uniquement en demi-bride = 54 M.

T 25
C1 – rang retour final : un rang de mailles serrées est maintenant crocheté vers la droite ; pour cela, simplement tourner le boshi.

Fin pour la taille L = 54 M.

Variantes de couleurs

Niseko

Configure-toi ton propre Niseko
www.myboshi.fr

Pour pouvoir grandir, il faut avoir de bonnes racines...

Notre capital de départ était de 15 euros environ, et les moyens qui ont permis le financement de notre développement ultérieur ont été le produit de ces 15 euros. Nous grandissons de nous-mêmes.

Le risque entrepreneurial, par rapport à notre idée, était de cette manière vraiment minime. Mais il faut voir les choses de façon réaliste : trouver un investisseur pour une entreprise qui accorde une grande importance au développement durable et au respect de l'individu, qui veut réintégrer avec succès des personnes âgées à la vie active, qui ne considère pas la production de masse à moindre coût comme intéressante et qui ne veut pas importer de laine en provenance de pays bon marché, en tant que start-up, on en sourit gentiment.

Nous croyons cependant très dur à ces principes de base de notre entreprise, nous avons des collaborateurs heureux et ce qui nous relie, c'est une grande fierté pour chaque bonnet ou chaque confection spéciale.

Avec notre configurateur en ligne pour bonnets, nos clients peuvent exprimer chacun de leurs souhaits quant à la forme ou à la couleur. Il y a beaucoup d'amour dans nos produits faits main et celui qui n'a pas les moyens pour un modèle, il crochète tout simplement son boshi par lui-même.

Pour réaliser ses idées et ses rêves, on n'a pas toujours besoin de beaucoup d'argent, mais souvent plutôt d'un peu de courage et de confiance en soi.

Saitama

Envie de rayures ? Ce qu'il te faut, c'est le boshi Saitama. Avec sa visière, il te protège également de l'éblouissant soleil d'hiver !

Saitama

Durée : 120 min.

Niveau 4/5

Crochet :
6 mm DMC

Fournitures :
laine myboshi n°1

Couleurs :
couleur 1 : 60 g (132 red) - couleur 2 : 60 g (192 ivory)

Échantillon test :
10 x 10 cm = 12 demi-brides x 8 rangs

Tour de tête :
taille M (52-56 cm), taille L (57-60 cm)

Succession des couleurs

Pour la taille M :	**Pour la taille L :**
C1 : T 1 – T 5 = 5 tours	**C1 : T 1 – T 6 = 6 tours**
C2 : T 6 = 1 tour	**C2 : T 7 = 1 tour**
C1 : T 7 – T 8 = 2 tours	**C1 : T 8 – T 9 = 2 tours**
C2 : T 9 – T 12 = 4 tours	**C2 : T 10 – T 13 = 4 tours**
C1 : T 13 = 1 tour	**C1 : T 14 = 1 tour**
C2 : T 14 = 1 tour	**C2 : T 15 = 1 tour**
C1 : T 15 – T 16 = 2 tours	**C1 : T 16 – T 17 = 2 tours**
C2 : crocheter la visière	**C2 : crocheter la visière**
C1 : T 17 :	**C1 : T 18 :**
Rang retour final	**Rang retour final**

Crocheter ici en mailles serrées dans le sens opposé.

ATTENTION ! Le rang retour final n'est réalisé qu'après avoir crocheté la visière.

Début, en haut : valable pour les tailles M et L

C1 : faire un noeud coulant, monter 4 mailles en l'air et les fermer en rond. Pour cela, piquer le crochet dans la 1ère maille en l'air de la chaînette et faire 1 maille coulée pour former un petit rond. Ensuire, crocheter 1 maille en l'air (bien serrer la maille coulée, laisser la maille en l'air un peu plus lâche).

Ne piquer après cette procédure de fermeture que directement avant la prochaine maille.

Les tours qui suivent sont toujours finis par 1 maille coulée puis démarrent avec 1 maille en l'air.

A partir de maintenant, l'ouvrage se poursuit uniquement en demi-brides. Voir "rangs suivants" page 18.

La visière

La visière est crochetée sur les 26 mailles serrées ayant été crochetées dans le tour 16.

Pour cela, après les 17 mailles serrées (voir page suivante), crocheter : 1 maille serrée, 1 demi-bride, 1 bride, 20 doubles brides, 1 bride, 1 demi-bride, 1 maille serrée. Refaire le tout dans l'autre sens : Pour cela, retourner le boshi. La visière est maintenant renforcée, c'est-à-dire qu'on crochète dans la demi-bride, la bride, les 20 doubles brides, la bride, la demi-bride toujours le même type de maille, MAIS en profondeur et autour des mailles du T 16. De cette manière, les mailles renforcées se retrouvent au même niveau !

myboshi-Explications détaillées

Explications détaillées pour taille M **(la taille L est plus large de 4 mailles en tour de tête et est plus longue d'un tour). Les notes en gras sont à prendre en considération uniquement pour la taille L ! Pour la taille L, tous les tours sont décalés d'un vers le bas, car dans le T 7 (L), on augmente encore une fois.**

T 1
C1 – crocheter 11 demi-brides dans le cercle du début = 11 M.

T 2
C1 – doubler chaque demi-bride = 22 M.

T 3
C1 – crocheter 2 demi-brides, doubler la 3ème demi-bride = 29 M.

T 4
C1 – crocheter 3 demi-brides, doubler la 4ème demi-bride = 36 M.

T 5
C1 – crocheter 4 demi-brides, doubler la 5ème demi-bride = 43 M.

T 6
C2 – crocheter 5 demi-brides, doubler la 6ème demi-bride = 50 M.
C1 – crocheter 5 demi-brides = 50 M.

T 7
C1 – crocheter uniquement en demi-bride = 50 M.
C2 – crocheter 11 demi-brides, doubler la 12ème demi-bride = 54 M.

T 8
C1 – crocheter uniquement en demi-bride = 50 M.

T 9
C2 – crocheter uniquement en demi-bride = 50 M.

T 10
C2 – crocheter uniquement en demi-bride = 50 M.

T 11
C2 – crocheter uniquement en demi-bride = 50 M.

T 12
C2 – crocheter uniquement en demi-bride = 50 M.

T 13
C1 – crocheter uniquement en demi-bride = 50 M.

T 14
C2 – crocheter uniquement en demi-bride, ne pas couper le fil trop court = 50 M.

T 15
C1 – crocheter uniquement en demi-bride = 50 M.

T 16
C1 – fermer le T 15 ; crocheter comme suit : crocheter 17 demi-brides (taille L : 19) ; (2 mailles serrées en 1) recommencer 8 fois ;
2 mailles serrées en 1 ; crocheter 16 demi-brides et fermer le tour.

C1 – crocheter uniquement en demi-bride = 54 M.

C1+ C2 – Pour la visière : crocheter 17 M serrées avec la C1 et laisser pendre le fil. Crocheter ensuite la visière comme décrit plus haut.

T 17
C1 – Quand la visière est crochetée en C2, revenir au fil de C1 et crocheter ensemble en mailles serrées. Pour cela, au niveau du rang de devant, piquer seulement dans le brin arrière de la maille, et dans le rang de derrière, piquer à travers les deux boucles, former une maille serrée. Une fois la visière crochetée au bonnet, continuer simplement à crocheter des mailles serrées, jusqu'à ce que le tour soit fermé.
C1 – fermer le T 16 et crocheter comme suit : crocheter 19 demi-brides (2 mailles serrées en 1, 1 mailles serrée en 1) recommencer 8 fois ; 2 mailles serrées en 1 ; crocheter 18 demi-brides et fermer le tour.

C1+C2 – Pour la visière : crocheter 19 mailles serrées avec la C1 et laisser pendre le fil. Crocheter ensuite la visière comme décrit plus haut.

T 18
C1 – comme T 17 pour taille M

Pour terminer :
faire disparaître tous les fils qui dépassent en les cousant bien.

Variantes de couleurs

Saitama

Configure-toi ton propre Saitama www.myboshi.fr

Tokio

Le boshi Tokio, un bonnet très spécial, avec un motif particulier qui attire tous les regards.

Tokio

Niveau

Crochet :
6 mm DMC

Fournitures :
laine myboshi n°1

Couleurs :
couleur 1 : 60 g (121 lime) - couleur 2 : 50 g (191 white)

Échantillon test :
10 x 10 cm = 12 x (maille serrée + maille en l'air) x 9 rangs

Tour de tête :
taille M (52-56 cm), taille L (57-60 cm)

Motif :
Le motif est formé par des mailles serrées et des mailles en l'air crochetées en décalage. Les deux types de mailles sont toujours présents ensemble ! Ceci veut dire que dans un tour, on crochète en alternant 1 maille serrée et 1 maille en l'air. Au tour suivant, on crochète 1 maille en l'air dans 1 maille serrée et de nouveau en alternant maille serrée et maille en l'air.

ASTUCE : *la maille en l'air est toujours la maille se situant juste devant la maille serrée. Si on étire l'ouvrage crocheté, alors la maille serrée apparaît comme un petit « bourrelet ».*

La visière :
La visière est crochetée sur les 13 mailles serrées ayant été doublées ou triplées au tour 23.

Pour ce faire, fermer le tour 23, crocheter 1 demi-bride, 1 bride, 26 doubles brides, 1 bride, 1 demi-bride, 1 maille serrée.

Crocheter 1 maille serrée et tourner le boshi (la maille serrée ne sert qu'au retournement). La visière est maintenant renforcée, c'est-à-dire qu'on crochète en maille serrée dans la demi-bride, la bride, les 26 doubles brides, la bride et la demi-bride. De cette manière, on obtient 1 rang de mailles serrées à l'intérieur de la visière qui se retrouve au même niveau que le rang extérieur de la visière.

Crocheter 1 maille serrée pour retourner l'ouvrage.

Maintenant, on assemble au crochet les deux rangs de la visière. Pour cela, assembler le brin arrière de la 1ère maille du rang extérieur de la visière et les 2 brins de la 1ère maille du rang intérieur de la visière par 1 maille serrée.

Pour terminer la visière, crocheter un tour de mailles serrées autour de la partie restante du boshi.

Début, en haut : valable pour les tailles M et L
C1 : faire un noeud coulant, monter 4 mailles en l'air et les fermer en rond. Pour cela, piquer le crochet dans la 1ère maille en l'air de la chaînette et faire 1 maille coulée pour former un petit rond. Ensuite, crocheter 1 maille en l'air (bien serrer la maille coulée, laisser la maille en l'air un peu plus lâche).

Ce boshi est crocheté en spirale et n'est terminé qu'avec le tour précédent la visière.

À partir de maintenant, l'ouvrage se poursuit uniquement en mailles serrées.

Succession des couleurs

Pour la taille M :	Pour la taille L :
C1 : T 1, T 2, T 3... C2 : T 2, T 4, T 6..	C1 : T 1, T 3, T 5... C2 : T 2, T 4, T 6...
en alternance, au total 23 tours	en alternance au total 24 tours
C1 : crocheter la visière	C1 : crocheter la visière
C2 : tour final	C2 : tour final

myboshi-Explications détaillées
Explications détaillées pour taille M **(la taille L est plus large de 2 mailles en tour de tête et est plus longue de 2 tours !). Les notes en gras sont à prendre en considération uniquement pour la taille L !**

T 1
C1– dans le cercle du début, crocheter 9 x (1 maille serrée, 1 maille en l'air). Le tour se termine par 1 maille coulée et 1 maille en l'air en C2 = 9 M.

T 2
C2 – crocheter 1 maille serrée, doubler la 2ème maille serrée = 13 M.

ATTENTION ! *Ne pas oublier de crocheter la maille en l'air entre les mailles serrées doubles également !*

T 3
C1 – crocheter 2 mailles serrées, doubler la 3ème maille serrée = 17 M.

T 4
C2 – crocheter 3 mailles serrées, doubler la 4ème maille serrée = 21 M.

T 5
C1 – crocheter 4 mailles serrées, doubler la 5ème maille serrée = 25 M.

T 6
C2 – crocheter 3 mailles serrées, doubler la 4ème maille serrée = 31 M.

T 7
C1 – crocheter 9 mailles serrées, doubler la 10ème maille serrée = 34 M.
C2 – crocheter 5 mailles serrées, doubler la 6ème maille serrée = 36 M.

à partir de T 8
C2 – crocheter uniquement en maille serrée = 34 M.
C1– crocheter uniquement en maille serrée = 36 M.

T 22
C2 – crocheter uniquement en maille serrée = 34 M.

T 23
C1 – Fermer le T 22 ; crocheter uniquement des mailles serrées sans mailles en l'air comme indiqué ci-après.

Sur 13 mailles serrées du T 23 (pour la visière) : crocheter *2 mailles serrées dans la 1ère maille serrée, 3 mailles serrées dans la 2ème maille serrée*. Crocheter de *à* au total 6 fois et ensuite doubler en plus 1 maille serrée.

Terminer le tour en alternant 1 maille serrée et 1 maille serrée doublée.

C1 – crocheter la visière

T 24
C1 – à la fin de la visière, crocheter un tour de mailles serrées sans mailles en l'air = 34 M.

T 25
C1 – comme T 23 pour taille M = 36 M.

C2 – crocheter la visière

T 26
C2 – à la fin de la visière, crocheter un tour de mailles serrées sans mailles en l'air = 36 M.

ATTENTION ! *La maille coulée et la maille en l'air au début de chaque tour ne doivent pas être comptées comme mailles serrées ! Ne commencer à compter qu'après avoir « fermé ». Les augmentations s'effectuent en commençant à crocheter dans une maille serrée simple du tour précédent et jamais dans des mailles doubles, sinon le bonnet aura des angles.*

Variantes de couleurs

Tokio

Configure-toi ton propre Tokio www.myboshi.fr

Kobe

Kobe. Ce boshi protège ta tête, mais aussi tes oreilles ! Et en plus, il est décoré par de jolis rubans avec pompons.

Kobe

Niveau

Crochet :
6 mm DMC

Fournitures :
laine myboshi n°1

Couleurs :
couleur 1 : 90 g (172 ocre) – couleur 2 : 40 g (162 magenta)

Échantillon test :
10 x 10 cm = 12 demi-brides x 8 rangs

Tour de tête :
taille M (52-56 cm), taille L (57-60 cm)

Explications

Le boshi Kobe est crocheté en demi-brides, ainsi que les cache-oreilles qui seront crochetés au boshi juste avant de commencer la bordure déco.

Cache-oreilles

Fermer le tour 15 avec 1 maille coulée et 1 maille en l'air, puis couper le fil C1 à 10 cm.

Poser le boshi devant soi, de manière à visualiser la ligne constituée par le changement de tour (maille coulée et maille en l'air), et compter 7 mailles vers la gauche à partir de cette ligne. Piquer le crochet dans la 8ème maille, récupérer le fil de la C1 et crocheter 1 maille en l'air. Crocheter ensuite 1 demi-bride dans la même 8ème maille. Puis 1 demi-bride chacune des 10 mailles suivantes.

Tourner le boshi sur son axe avec la dernière maille reposant sur le crochet puis crocheter 10 demi-brides en revenant en arrière. Ce ne sont que 10 demi-brides car on saute le 1er point de piquage après avoir tourné l'ouvrage.

Retourner le boshi sur son axe, sauter le premier point de piquage et crocheter 9 demi-brides.

Tourner à nouveau et crocheter 8 demi-brides, crocheter maintenant 1 maille en l'air sur la dernière demi-bride, tourner à nouveau l'ouvrage et piquer cette fois directement dans le premier point de piquage pour y crocheter 1 demi-bride. La prochaine demi-bride et celle d'après sont terminées ensemble (voir explication dans le paragraphe plus bas) ainsi que les deux dernières demi-brides. Crocheter 1 maille retour puis 6 demi-brides et couper le fil à 10 cm. Le 1er cache-oreille est fini.

Retourner maintenant le boshi (le côté moche des mailles est maintenant à l'extérieur). La ligne de changement de tour est à nouveau au milieu. Le cache-oreille fini se trouve sur la droite. Compter maintenant jusqu'à la 7ème maille et crocheter comme décrit plus haut dans la 8ème maille.

Le 2ème cache-oreille est fini.

Terminer des mailles ensemble

Faire 1 jeté, piquer, aller chercher le fil et le tirer à travers 2 des 3 mailles qui sont sur le crochet. Faire à nouveau 1 jeté, piquer dans la maille suivante, aller chercher le fil et tirer à travers 2 des 4 mailles qui sont sur le crochet. Aller chercher le fil de travail et le tirer au travers de toutes les mailles.

Boshi

Début, en haut : valable pour les tailles M et L

C1 : faire un noeud coulant, monter 4 mailles en l'air et les fermer en rond. Pour cela, piquer le crochet dans la 1ère maille en l'air de la chaînette et faire 1 maille coulée pour former un petit rond. Ensuite, crocheter 1 maille en l'air (bien serrer la maille coulée, laisser la maille en l'air un peu plus lâche).

Les tours qui suivent sont toujours finis par 1 maille coulée puis démarrent avec 1 maille en l'air.

Le changement de couleur se fait dans la maille coulée, laisser la maille en l'air un peu plus lâche.

Si tu as du mal à retrouver la maille en l'air, tu peux la signaler à l'aide d'une épingle à nourrice tout simplement.

A partir de maintenant, l'ouvrage se poursuit uniquement en demi-brides. Voir "rangs suivants" page 18.

myboshi-Explications détaillées

Explications détaillées pour taille M **(la taille L est plus large de 4 mailles en tour de tête et a un tour supplémentaire en longueur pour C1). Les notes en gras sont à prendre en considération uniquement pour la taille L !**

T 1
C1 – crocheter 11 demi-brides dans le cercle du début = 11 M.

T 2
C1 – doubler chaque demi-bride = 22 M.

T 3
C1 – crocheter 2 demi-brides, doubler la 3ème demi-bride = 29 M.

T 4
C1 – crocheter 3 demi-brides, doubler la 4ème demi-bride = 36 M.

T 5
C1 – crocheter 4 demi-brides, doubler la 5ème demi-bride = 43 M.

T 6
C1 – crocheter 5 demi-brides, doubler la 6ème demi-bride = 50 M.

T 7
C1 – crocheter uniquement en demi-bride = 50 M.
C1 – crocheter 11 demi-brides et doubler la 12ème demi-bride = 54 M.

à partir de T 8
C1 – crocheter uniquement en demi-bride = 50 M.
C1 – crocheter uniquement en demi-bride = 54 M.

ATTENTION ! *Crocheter les cache-oreilles comme décrit plus haut (taille M : après le T 15, taille L : après T 16)*

T 16
C2 – rang retour final : retourner à la maille en C1, crocheter une maille en l'air avec C2 (bien serrer la maille en l'air de C1) puis crocheter en mailles bien serrées dans le sens inverse ; pour cela, simplement tourner le boshi avec la dernière maille qui est sur le crochet, et crocheter aussi autour des cache-oreilles.

Fin pour la taille = 50 M.

T 17
C2 – rang retour final : retourner à la maille en C1, crocheter une maille en l'air avec C2 (bien serrer la maille en l'air de C1) puis crocheter en mailles bien serrées dans le sens inverse ; pour cela, simplement tourner le boshi avec la dernière maille qui est sur le crochet, et crocheter aussi autour des cache-oreilles.

Fin pour la taille L = 54 M.

Fin : faire disparaître tous les fils qui dépassent en les cousant bien.

Pompon

Petit pompon (diamètre de 4 cm)

Faire 2 pompons de 4 cm de diamètre chacun avec la couleur C2. Voir page 21.

Gros pompon (diamètre de 6 cm)

Faire 1 pompon de 6 cm de diamètre pour mettre au sommet du boshi.

Chaînettes de mailles en l'air

Crocheter en C2 2 chaînettes de mailles en l'air de chacune 40 mailles comme suit : retourner au milieu inférieur du cache-oreilles, piquer dans le bord, aller chercher le fil et crocheter 40 mailles en l'air.

Faire de même pur l'autre cache-oreilles.

Pour terminer

Fixer le gros pompon au sommet du boshi et les petits au bout des chaînettes de mailles en l'air.

Kobe

Configure-toi ton propre **Kobe**
www.myboshi.fr

Ottaru

Le boshi Ottaru attire tous les regards avec sa bande en biais qui court de haut en bas ! Il a l'air tout simple, mais finalement, il donne du fil à retordre !

Durée : **180 min.**

Ottaru

Niveau

Crochet :
6 mm DMC

Fournitures :
laine myboshi n°1

Couleurs :
couleur 1 : 80 g (196 black) - couleur 2 : 30 g (185 neon yellow)

Échantillon test :
10 x 10 cm = 12 demi-brides x 8 rangs

Tour de tête :
taille M (52-56 cm), taille L (57-60 cm)

Succession des couleurs

Dès le premier tour, on travaille avec les couleurs C1 et C2.

Début : valable pour les tailles M et L

C1 : faire un noeud coulant, monter 4 mailles en l'air et les fermer en rond. Pour cela, piquer le crochet dans la 1ère maille en l'air de la chaînette et faire 1 maille coulée pour former un petit rond. Ensuite, crocheter 1 maille en l'air (bien serrer la maille coulée, laisser la maille en l'air un peu plus lâche).

> ***ATTENTION !*** *Le bonnet est crocheté en spirale. Le nouveau tour commence toujours avec la 1ère maille de la C2 !*

A partir de maintenant, l'ouvrage se poursuit uniquement en demi-brides. Voir "rangs suivants" page 18.

myboshi-Explications détaillées

Explications détaillées en haut pour taille M **(la taille L est plus large de 4 mailles en tour de tête et est plus longue d'un tour). Les notes en gras sont à prendre en considération uniquement pour la taille L !**

T 1
C1+C2 – dans le cercle du début, faire 10 demi-brides de C1 et 1 demi-bride de C2 = 11 M.

T 2
C1+C2 – doubler chaque demi-bride lors du premier doublement, faire 1 maille en C2, le reste en C1 = 22 M.

T 3
C1+C2 – crocheter 2 demi-brides, doubler la 3ème demi-bride = 30 M. Crocheter 2 mailles en C2.
Comme la première maille double vient directement après les 2 mailles de C2, répartir cette double maille : crocheter la maille de C1 sur la maille de la rayure, crocheter l'autre normalement.

T 4
C1+C2 – crocheter 3 demi-brides, doubler la 4ème demi-bride = 37M. 3 mailles en C2

T 5
C1+C2 – crocheter 4 demi-brides, doubler la 5ème demi-bride = 44 M. 4 mailles en C2

T 6
C1+C2 – crocheter 5 demi-brides, doubler la 6ème demi-bride = 50 M. 5 mailles en C2, sauter la dernière maille de C1, pour arriver à 50 ! Après avoir crocheté les 5 mailles de C2, tirer bien fort la dernière maille de C1 du tour précédent.

T 7
C1+C2 – crocheter uniquement en demi-bride = 50 M.
6 demi-brides en C2

C1+C2 – crocheter 11 demi-brides et doubler la 12ème demi-bride et doubler la dernière demi-bride = 54 M.
6 demi-brides en C2

T 8
C1+C2 – crocheter uniquement en demi-bride = 50 M.
7 mailles en C2

T 9
C1+C2 – crocheter uniquement en demi-bride = 50 M.

ATTENTION ! Après avoir crocheté les 5 mailles de C2, tirer bien fort la dernière maille de C1 du tour précédent. La rayure sse décale !

C1+C2 – crocheter uniquement en demi-bride = 54 M.

T 16
C1+C2 – crocheter uniquement en demi-bride, décaler à chaque fois la rayure d'1 maille vers la gauche. = 50 M.

ATTENTION ! Crocheter encore les 7 mailles de la rayure, ensuite une maille en l'air puis le T 17 commence.

C1+C2 – crocheter uniquement en demi-bride, décaler à chaque fois la C2 d'1 maille vers la gauche. = 54 M.

T 17
C2 – rang retour final : un rang de mailles serrées est maintenant crocheté vers la droite ; pour cela, simplement tourner le boshi.

Fin pour la taille M = 50 M.

T 18
C2 – rang retour final : un rang de mailles serrées est maintenant crocheté vers la droite ; pour cela, simplement tourner le boshi.

Fin pour la taille L = 54 M.

ATTENTION ! À partir de T 2, le fil de C1 doit toujours être mis une fois, dans le sens contraire aux aiguilles d'une montre, autour du tour qui vient d'être crocheté. On intègre pratiquement ce fil à l'ouvrage en le crochetant. À partir du T 3, faire de même avec le fil F2 de la petite rayure.

À la fin : faire disparaître tous les fils qui dépassent en les cousant bien.

Variantes de couleurs

Ottaru

myboshi aide...

myboshi, c'est aussi une certaine conception de la vie à laquelle adhèrent dorénavant un grand nombre de personnes, qui, bien au-delà de leur travail, transmettent notre idée à travers le monde.

Pour avoir un tel succès, nous avons eu beaucoup de chance, mais aussi beaucoup travaillé. Entre temps, nous avons réussi à poser des jalons dans notre entreprise afin que celle-ci fonctionne dans le respect de nos principes de base.

Nous voulons produire d'une manière durable et respectueuse de l'environnement. En outre, nos mamies-crochet sont un super exemple de collaboration intergénérationnelle.

Nous soutenons également beaucoup de projets dans le domaine social et caritatif comme l'action « Un bonnet plein de vie » de l'organisation d'aide aux enfants « Save the children », ou bien l'équipe des Jeux olympiques spéciaux de l'organisation « Lebenshilfe » à Hof (Allemagne). En tant qu'amateurs enthousiastes de sports d'hiver, nous croisons les doigts pour que la participation aux World Winter Games 2013 dans l'Idaho en Amérique du Nord soit couronnée de succès.

Par ailleurs, nous soutenons financièrement le travail de notre ville natale Helmbrechts à l'attention des jeunes, lors de son concert annuel de bienfaisance « BetoRe ».

Et nous sommes toujours à la recherche de beaux projets ayant absolument besoin de soutien.

Boshi réversible

Inside out- outside in. Le boshi réversible peut être porté des deux côtés.

Boshi réversible

Niveau

Crochet :
6 mm DMC

Fournitures :
laine myboshi n°1

Couleurs :
couleur 1 : 60 g (165 plum) - couleur 2 : 50 g (122 grass)

Échantillon test :
10 x 10 cm = 12 x (maille serrée + maille en l'air) x 9 rangs

Tour de tête :
taille M (52-56 cm), taille L (57-60 cm)

Explications

Le boshi réversible est crocheté comme un boshi « normal » en demi-brides puis complété d'un filet passé par-dessus le boshi et cousu à son rebord. On peut ensuite porter le boshi avec le filet sur le dessus ou le cacher en retournant le boshi.

Boshi (intérieur)

Début, en haut : valable pour les tailles M et L

C1 : faire un noeud coulant, monter 4 mailles en l'air et les fermer en rond. Pour cela, piquer le crochet dans la 1ère maille en l'air de la chaînette et faire 1 maille coulée pour former un petit rond. Ensuite, crocheter 1 maille en l'air (bien serrer la maille coulée, laisser la maille en l'air un peu plus lâche).

Les tours qui suivent sont toujours finis par 1 maille coulée puis démarrent avec 1 maille en l'air.

ASTUCE : *On peut crocheter ce boshi aussi en spirale ! Il faut juste faire attention de bien compter les tours :)*

Si tu as du mal à retrouver la maille en l'air, tu peux la signaler à l'aide d'une épingle à nourrice tout simplement.

A partir de maintenant, l'ouvrage se poursuit uniquement en demi-brides. Voir "rangs suivants" page 18.

myboshi-Explications détaillées

Explications détaillées pour taille M **(la taille L est plus large de 4 mailles en tour de tête et a un tour supplémentaire en longueur pour C1). Les notes en gras sont à prendre en considération uniquement pour la taille L !**

T 1
C1 – crocheter 11 demi-brides dans le cercle du début = 11 M.

T 2
C1 – doubler chaque demi-bride = 22 M.

T 3
C1 – crocheter 2 demi-brides, doubler la 3ème demi-bride = 29 M.

T 4
C1 – crocheter 3 demi-brides, doubler la 4ème demi-bride = 36 M.

T 5
C1 – crocheter 4 demi-brides, doubler la 5ème demi-bride = 43 M.

T 6
C1 – crocheter 5 demi-brides, doubler la 6ème demi-bride = 50 M.

T 7
C1 – crocheter uniquement en demi-bride = 50 M.
C1 – crocheter 11 demi-brides, doubler la 12ème demi-bride = 54 M.

à partir de T8
C1 – crocheter uniquement en demi-bride = 50 M.
C1 – crocheter uniquement en demi-bride **= 54 M.**

T 17
C1 – crocheter uniquement en demi-bride = 50 M.

T 18
C1 – crocheter uniquement en demi-bride = 54 M.

Faire disparaître tous les fils qui dépassent en les cousant bien et retourner le boshi (le côté moche des mailles est maintenant à l'extérieur).

Filet (extérieur)

Le filet est crocheté en brides simples. 1 maille en l'air est crochetée entre chaque bride. Pour donner un effet filet bien reconnaissable, ne pas crocheter trop serré, mais pas trop lâche non plus ! À partir de T 2, la bride est crochetée autour de cette maille en l'air.
Le tour est toujours fermé par une maille coulée et 2 mailles en l'air.

ASTUCE : On peut crocheter le filet aussi en spirale ! Le cas échéant, ne pas crocheter les mailles coulées et les 2 mailles en l'air. Il faut cependant bien compter les mailles, pour que le filet ne devienne pas disproportionné.

Début

C1 : faire un noeud coulant, monter 4 mailles en l'air et les fermer en rond. Pour cela, piquer le crochet dans la 1ère maille en l'air de la chaînette et faire 1 maille coulée pour former un petit rond. Ensuite, crocheter 2 mailles en l'air et commencer le 1er tour (bien serrer la maille coulée, laisser la maille en l'air un peu plus lâche).

myboshi-Explications détaillées

Explications détaillées pour la taille M **(la taille L est plus large de 4 mailles et est plus longue d´un tour). Les notes en gras et italique sont à prendre en considération uniquement pour la taille L !**

À partir de maintenant, l'ouvrage se poursuit uniquement en brides simples.

T 1
C2 – crocheter 6 brides dans le cercle du début = 6 M.

T 2
C2 – doubler chaque bride = 12 M.

T 3
C2 – doubler chaque bride = 24 M.

T 4
C2 – crocheter 5 brides, doubler la 6ème bride = 28 M.

T 5
C2 – crocheter uniquement en bride = 28 M.
C2 – crocheter 5 brides, doubler la 6ème bride = 32 M.

T 6
C2 – crocheter uniquement en bride = 28 M.
C2 – crocheter uniquement en bride **= 32 M.**

T 7
C2 – crocheter uniquement en bride = 28 M.

T 8
C2 – crocheter uniquement en bride = 28 M.

T 9
C2 – crocheter uniquement en bride = 28 M.

T 10
C2 – crocheter uniquement en bride = 28 M.

T 11
C2 – crocheter uniquement en bride = 28 M.

T 12
C2 – crocheter uniquement en bride = 28 M.

T 13
C2 – crocheter uniquement en bride = 28 M.

T 14
C2 – crocheter uniquement en bride = 32 M.

Laisser pendre le fil et retourner le filet par-dessus le boshi. Mettre bord sur bord et faire en sorte que le filet dépasse un tout petit peu du boshi. Crocheter maintenant les deux rangs ensemble dans le sens inverse des aiguilles d'une montre avec un fil de la couleur C1 (couleur du filet) en mailles serrées (on pique d'abord dans la maille du boshi).

Pour terminer

Faire disparaître le fil de la couleur du filet en le cousant bien.

Variantes de couleurs

Boshi réversible

Configure-toi
ton propre
Boshi réversible
www.myboshi.fr

Okinawa

Le bandeau okinawa ne défait pas votre coiffure et maintient vos oreilles bien au chaud. Avec ses 3 couleurs (C1, C2, C3), il ne manque pas d'attirer tous les regards.
Une fois la partie une peu compliquée du début terminée, il se fait en un tour de main !

Okinawa

Niveau

Crochet :
6 mm DMC

Fournitures :
laine myboshi n°1

Couleurs :
couleur 1 : 20 g (152 turquoise) - couleur 2 : 20 g (191 white)
couleur 3 : 20 g (132 red)

Échantillon test :
10 x 10 cm = 12 demi-brides x 8 rangs

Tour de tête :
taille M (52-56 cm), taille L (57-60 cm)

Début

Avant de commencer : mesurer 5m de fil (C1)et commencer là avec un noeud coulant. Ceci servira plus tard à faire le rang final ; le bandeau possède un rang final en haut et un rang final en bas ! Le mieux est de nouer ces 5 m de fil afin qu'ils ne dérangent pas pendant le travail.

A partir de maintenant, l'ouvrage se poursuit uniquement en demi-brides. Voir "rangs suivants" page 18.

myboshi-Explications détaillées

T 1
C1 – Monter 50 **(54)** mailles en l'air doubles.

Sur le noeud coulant de démarrage, faire 2 mailles en l'air. Avec le pouce et le majeur de la main gauche (pour les droitiers), saisir le noeud de départ. Piquer le crochet dans la 1ère maille en l'air et tirer le fil à travers celle-ci ; on a 2 mailles sur le crochet. Prendre le fil de la pelote avec le crochet (= faire 1 jeté) et le passer à travers les 2 mailles. L'ouvrage est à gauche et le crochet à droite. On voit maintenant les 2 mailles par lesquelles on a fait passer le crochet.

Piquer le crochet dans la maille de gauche, prendre le fil de la pelote avec le crochet et le faire passer dans la maille. Reprendre le fil de la pelote et le faire passer dans les 2 mailles. Continuer à crocheter en mailles serrées dans la maille de gauche.

Fermer maintenant en rond la chaînette de mailles en l'air par une maille coulée en C1.

T 2
C2 – crocheter le rang = 50 **(54)** M.

T 3
C3 – crocheter le rang = 50 **(54)** M.

T 4
C3 – crocheter le rang = 50 **(54)** M.

T 5
C1 – crocheter le rang = 50 **(54)** M.

T 6
C3 – crocheter le rang = 50 **(54)** M.

T 7
C3 – crocheter le rang = 50 **(54)** M.

T 8
C2 – crocheter le rang = 50 **(54)** M.

T 9
C1 – crocheter le rang = 50 **(54)** M.

T 10
C1 – rang retour final : un rang de mailles serrées est maintenant crocheté vers la droite ; pour cela, simplement tourner le boshi

Ensuite, couper le fil de la C1 et revenir au fil de 5 m de long du commencement du bandeau. Celui-ci est crocheté également comme le rang 10, dans le sens opposé, en mailles serrées.

Fin pour la taille M**(L)** = 50 **(54)** M.

ASTUCE : *Chaque rang est fermé avec 1 maille coulée de la couleur du rang suivant et 1 maille en l'air !*

Pour terminer

Revenir aux 5 m de fil déjà déroulés, piquer dans la première boucle et former une 1ère maille en l'air. Commencer avec le tour de mailles serrées dans le même point de piquage que pour la maille en l'air, crocheter le tour entier puis terminer par une maille coulée et une maille en l'air.

À la fin : faire disparaître tous les fils qui dépassent en les cousant bien.

 C est l'abréviation pour couleur, T est l'abréviation pour tour, M est l'abréviation pour mailles

Variantes de couleurs

Okinawa

Configure-toi ton propre **Okinawa** www.myboshi.fr

myboshi
notre première fois

Après le succès de nos premières ventes et avec la fièvre boshi qui n'arrêtait pas, une sorte de compétition est née entre nous, à qui découvrirait le premier porteur de boshi « hors tribu ». C'est-à-dire un client qui voit la vie de la même façon que nous et qui nous a acheté un bonnet configuré selon ses souhaits mais sans nous connaître personnellement.

En décembre 2010, on y était. Après une sortie ski en montagne avec des amis, nous avons découvert dans un bar un homme, que nous ne connaissions ni d'Ève ni d'Adam, avec un de nos boshis sur la tête. Tels des enfants, nous nous sommes approchés de lui timidement puis l'avons finalement invité à notre table. Une sensation super.

Comme chaque porteur de boshi, il avait sa propre « histoire boshi ». En tout cas, le bonheur que nous ressentons, quand nous nous trouvons subitement devant une personne qui porte l'un de nos bonnets, est resté intact depuis.

myboshi – une grande famille.

myboshi

myboshi

myboshi
Handmade with Love...

Qui aurait pensé que notre avenir professionnel commencerait en plein milieu de nos études pendant un programme d'échanges entre profs de ski au Japon ?
Qui aurait pensé que crocheter des boshis ait un effet calmant sur les enfants hyperactifs ou que des candidats au « burn-out » puissent vivre mieux grâce au crochet.
Qui aurait pensé que nous redonnerions une vie professionnelle à des dizaines de « Mamies crocheteuses » ?
Nous aimons beaucoup raconter notre histoire pour encourager d'autres à réaliser aussi leurs idées, même si elles sortent des sentiers battus... mais lisez vous-mêmes.

Votre histoire à succès, c'est un conte de fées. Qu'est-ce que vous vouliez devenir quand vous étiez petits garçons ?

THOMAS Comme tous les petits garçons, on voulait devenir pompiers, naturellement. Non, en vérité, je ne sais plus vraiment. Presque tous les jours, je voulais devenir autre chose. Une fois, je voulais être footballer professionnel, une autre, ingénieur, puis encore agriculteur ou conducteur d'engins de chantier.

FELIX Si je rêvais d'un métier particulier, je ne m'en souviens plus. Ce qui est sûr, étant enfant, c'est que ceux qui m'ont toujours impressionné, c'étaient les profs de ski. Et au moins, pour ce qui est de mes hobbies, c'est un souhait qui a été réalisé.

Et après l'école, à quoi ressemblaient vos projets d'avenir ?

THOMAS Après mon bac, je me suis décidé pour des études. Comme à l'école, ce qui m'avait le plus amusé c'étaient les sciences et l'économie, j'ai fait des études d'ingénieur avec une spécialité en économie d'entreprise. En fait, je voulais après entrer dans une grande entreprise et y faire carrière, mais heureusement, ce n'est pas ce qui s'est passé. Parce que je suis devenu Monsieur Bonnet et je suis super heureux avec ça.

FELIX Moi aussi, juste après le bac, je pensais à des études d'ingénieur spécialisé en économie. J'ai même été accepté. Pendant la période de mon service militaire, j'ai eu l'occasion de partir avec des écoles pour des cours de ski. J'ai adoré travailler avec les jeunes et j'ai alors décidé de devenir prof. Et maintenant, je suis aussi Monsieur Bonnet, et j'ai toujours énormément de plaisir à enseigner aux autres l'art du crochet.

boshi [boschi]

Prononciation du mot japonais pour nos bonnets et en même temps le style de vie synonyme de bonnets crochetés, chacun une pièce unique. Ton bonnet, ton style.

En tant que « crocheteurs de bonnets », vous faites partie des start-ups qui ont le plus de succès et vous êtes aussi stars des médias. Avoir le courage de miser sur quelque chose d'imprévu, est-ce nécessaire à l'obtention du succès ?

THOMAS Nous sommes parfois surpris quand on décrit notre réussite de cette manière. On a déjà entendu souvent la comparaison : « Vous êtes le Facebook de la branche des travaux manuels ! » En réalité, on prend seulement notre pied à mettre en œuvre nos idées et nos créations. Après, le succès vient un peu tout seul.

Comme on le voit à nos projets d'avenir, oui, le courage en fait quand même partie. En 2009, quand nous avons commencé avec notre histoire de crochet et qu'en plus nous vendions nos ouvrages, nos potes nous disaient « Vous êtes fous, c'est complètement utopique ce truc ! »

Nous avons eu alors et avons encore le courage de nous accrocher à notre idée et de suivre notre propre chemin. Au fait, nos copains disent maintenant : « Oaahh, c'est phénoménal ce que vous avez atteint ! »

FELIX Le courage et la persévérance, ce sont les choses dont on a besoin en tant que jeune chef d'entreprise. Quand en plus, un hobby devient un vrai business, alors, ça, c'est génial ! Mais être une star, ce n'est pas ce que je ressens, ce n'est pas mon truc non plus. Je suis super heureux quand je suis au même niveau que nos fans et que je peux échanger idées et savoir-faire.

Vos bonnets font partie des accessoires de mode les plus convoités. People, accros sportifs, ados, mamies, tous veulent le vrai boshi. Comment est-ce que vous le ressentez ?

THOMAS C'est quand même quelque chose de super quand on voit à la télé ou bien dans la rue ses propres créations de crochet. Bien sûr qu'on a aussi plaisir à regarder les noms sur les commandes qui passent. C'est vrai que l'une ou l'autre star a déjà passé commande.

Mais ce qui est vraiment chouette, c'est quand on voit les images qui sont téléchargées sur notre page Facebook, sur lesquelles nos boshis sont montrés dans des situations extrêmes.

FELIX Je suis heureux du culte tout autour de nos boshis, mais comme que je me rappelle mes premières expériences de crochetage de boshi et que je me souviens de la super sensation que c'était de tenir dans ses mains son premier bonnet en crochet, alors je peux tout à fait comprendre pourquoi ces pièces sont si demandées.

En y regardant de plus près, on remarque que vous accordez une grande importance à une production restée en Allemagne et que vous n'achetez pas votre laine bradée en Chine, mais que vous recherchez la qualité en Europe. Quelle place occupe le développement durable dans le modèle économique de votre entreprise ?

THOMAS C'est vrai, pour nous c'est important que l'individu reste au centre des préoccupations et que chaque personne qui travaille avec nous y trouve du plaisir. Ça commence au niveau des nombreuses personnes qui produisent notre laine ; toutes les entreprises y sont certifiées BSCI. Et cela continue avec nos partenaires commerciaux en Europe et les très nombreux magasins de travaux manuels qui vendent la laine myboshi. Nous trouvons que chacun devrait avoir du plaisir avec myboshi, ensuite il en découle une relation de longue durée et de bonne qualité. Celles qui nous touchent le plus, ce sont nos crocheteuses. On n'a pas l'impression d'être des chefs, mais vraiment plutôt des petits-enfants. Dans notre modèle économique, le développement durable occupe pour ainsi dire la place plus importante.

Quels sont vos souhaits pour le futur ? Où voyez-vous myboshi dans dix ans ?

THOMAS Nos souhaits pour le futur, c'est très clairement de voir myboshi grandir encore et devenir encore plus connu. Nous voulons donner à la jeune génération à laquelle nous appartenons la possibilité de rééquilibrer un quotidien régi par la vitesse et les flux d'informations, pour ensuite, avec des idées jeunes et fraîches, rendre le monde plus détendu.

Et quel rêve d'enfant voudrez-vous alors réaliser ?

THOMAS ▶ Un de mes plus grands rêves d'enfant, c'est d'être allé une fois faire du ski sur chaque continent. J'espère que dans dix ans, on aura fait du crochet à travers le monde entier et qu'on aura eu le temps de descendre à ski l'une ou l'autre montagne.

FELIX ▶ Le seul rêve d'enfant dont je me souviens, c'était de construire un ascenseur dans la maison de mes parents quand je serai grand. Pourquoi, je ne le sais plus exactement. Par contre ce dont je suis sûr, c'est que ce rêve, je ne le réaliserai en aucun cas. Il est plus probable que j'irai tout simplement faire du ski avec Thomas sur chaque continent.

myboshi

Depuis 2009, label tendance pour bonnets cools et uniques faits à la main en Allemagne. Fondé par **Thomas Jaenisch et Felix Rohland** en Haute-Franconie, au nord de la Bavière.

myboshi

Mentions légales

Merci!
Nos plus vifs remerciements vont à tous ceux qui ont cru en nous et nous ont aidé sans répit pour que notre entreprise réussisse.

C'est pourquoi nous dédions ce livre à nos familles et à nos crocheteuses. Et plus particulièrement à nos deux crocheteuses en chef, Ursula Sturhan et Ursula Solger, qui appartiennent depuis plusieurs années déjà à l'équipe myboshi et qui nous épaulent non seulement pour la production mais aussi quand il s'agit de répondre à des interviews ou aux médias.

Modèles
myboshi GmbH D-95028 Hof

Photos & agencement
Mannequins : Nina Pawig, Philip Testroet, David Nicia, Kornelia Pawelek, Amaru Medina

Photographies : Oliver Grah, myboshi GmbH, Maak Roberts und Pervin Inan Sertas, www.fotoseven.de

Assistant : Lucas Aaron Grah

Agencement : Gruppe5 GmbH, Monika Kreuder, Solingen

Lectorat : Nicole Gross, kick Management

Design des labels : Designbüro Knüpfer, Daniel Knüpfer, Konradsreuth

Lieu pour les séances photo :
Wasserski Langenfeld GmbH
Baumberger Str. 88
D-40764 Langenfeld
Allemagne
www.wasserski-langenfeld.de

Impression et reliure
Wünsch Offset-Druck GmbH, Allemagne

Nous avons contrôlé avec le plus grand soin toutes les indications concernant le matériel utilisé et les étapes de travail. Nous déclinons cependant toute responsabilité pour d'éventuels dommages ou défauts. Ce livre et son contenu sont protégés par la loi sur la propriété littéraire et artistique (droits d'auteur). Toute reproduction ou distribution, sauf à des fins privées et non commerciales, est interdite et passible de sanctions civiles et pénales.

Et ceci tout particulièrement en ce qui concerne la diffusion par film, radio ou télévision, médias électroniques et Internet. Une utilisation commerciale des modèles est interdite.

En cas d'utilisation en classe ou en cours, obligatoirement citer le livre.

Tirage : 1e édition

Informations éditeur : ©2013 myboshi GmbH, D-95028 Hof

ISBN: 978-3-944778-02-0